Hilde Domin

Das Gedicht als Augenblick von Freiheit

Serie Piper
Band 991

Zu diesem Buch

»Was also war es, was an den vergangenen Vorlesungstagen jeweils über tausend Menschen in den Hörsaal zog?« (Welt am Sonntag 24.1.1988).
Professor Helmut Viebrock, Initiator der Poetikdozentur, schrieb nach der Vorlesungsreihe an Hilde Domin: »Wenn man im Hörsaal sitzt, sieht man Sie und alles , was auf Ihrem Gesicht an erprobter Zuversicht ablesbar ist; sieht man nachts im Fernsehen die Gesichter der Zuhörer, so muß einen das Maß an Hingegebenheit und Hoffnung auf Hoffnung bewegen. ... das zur Zeit für die Studenten Wichtigste: das Vertrauen zu sich, das Berühren des Grundwassers.«
»Gerade das hatte ich mir vorgenommen« schreibt Hilde Domin dazu, »den Mut zum Leben zu stärken: ein Dennoch gegen die fatale ›No-future‹-Panik.«
Diese Poetikvorlesungen verlebendigen mit aktuellen Beispielen die theoretischen Erwägungen von »Wozu Lyrik heute«.

Hilde Domin studierte zunächst Jura, dann politische Wissenschaften, Soziologie und Philosophie (Karl Jaspers, Karl Mannheim). Dott. scienze pol., Florenz. War als Universitätslehrerin, Übersetzerin, Photographin und Mitarbeiterin ihres Mannes, Erwin Walter Palm, tätig. Kehrte nach 22jährigem Exil 1954 nach Deutschland zurück. Lyrik seit 1951, Veröffentlichungen seit 1957. Lesungen, Vorträge, Diskussionen an Universitäten und in literarischen Gesellschaften des In- und Auslandes. Mitglied des PEN, der Deutschen Akademie für Sprache und Dichtung, Ehrenmitglied der Heinrich-Heine-Gesellschaft, Düsseldorf. Preise: Ida-Dehmel-Literaturpreis 1968, Meersburger Droste-Preis für Dichterinnen 1971, Heinrich-Heine-Medaille der Düsseldorfer Heine-Gesellschaft 1972, Roswitha-Preis der Stadt Bad Gandersheim 1974, Rainer-Maria-Rilke-Preis für Lyrik 1976, Richard-Benz-Medaille der Stadt Heidelberg 1982, Nelly-Sachs-Preis 1983. Ehrengast der Villa Massimo 1985. Frankfurter Poetikdozentur WS 1987/88.

Hilde Domin

Das Gedicht als Augenblick von Freiheit

Frankfurter Poetik-Vorlesungen
1987/1988

Piper
München Zürich

Von Hilde Domin liegen
in der Serie Piper außerdem vor:
Wozu Lyrik heute. Dichtung und Leser in der gesteuerten Gesellschaft (65)
Von der Natur nicht vorgesehen. Autobiographisches (90)
Aber die Hoffnung. Autobiographisches aus und über Deutschland (703)

ISBN 3-492-10991-8
Originalausgabe
Oktober 1988

Umschlag: Federico Luci,
unter Verwendung des Gemäldes
»Maison + Lumière + Ciel« (1912/13) von Luigi Russolo
(© VG Bild-Kunst, Bonn, 1988)
Photo Umschlagrückseite: Peter Peitsch
Gesamtherstellung: Clausen & Bosse, Leck
Printed in Germany

Inhalt

IV. Vorlesung

V. Vorlesung

I

Stoppen von Zeit und Zweck. – Die Phasen der deutschen Nachkriegslyrik, wie sie sich hierzulande und wie sie sich dem Heimkehrer darstellten.

Dies ist unsere Freiheit
die richtigen Namen nennend
furchtlos
mit der kleinen Stimme

einander rufend
mit der kleinen Stimme
das Verschlingende beim Namen nennen
mit nichts als unserm Atem

salva nos ex ore leonis
den Rachen offen halten
in dem zu wohnen
nicht unsere Wahl ist.

DAS GEDICHT ALS AUGENBLICK VON FREIHEIT nenne ich die geplante Reihe meiner Vorlesungen. Vergleichend, wie die andern das Thema formuliert haben, stelle ich fest, daß ich mich am nächsten bewege bei Adolf Muschg und bei Günter Kunert. Vermutlich am allernächsten bei Kunert, der der einzige außer mir scheint, der von einer positiven und rettenden Funktion des Gedichts ausgeht, ohne das Fragezeichen, das Muschg setzt. LITERATUR ALS THERAPIE? nannte es Muschg, 1979/1980. ÜBER DAS HEILSAME UND DAS UNHEILBARE. DAS GEDICHT ALS ARCHE NOAH betitelt Kunert seine Vorlesungen 1987. Dazu, naturgemäß: VOR DER SINTFLUT.

»Das Gedicht als Augenblick von Freiheit«. Sollte ich sagen »Augenblick der Befreiung«? Da war ich zunächst im Zweifel. Doch dann schien mir, im Zusammenhang mit Augenblick, der Zustand besser als die Bewegung auf ihn hin. Denn es geht mir ja um das Erreichen dieses Zustands, und wenn er da ist, dann hört alles andere auf. Vor allem die Zeit. Aber auch das Rollenmenschendasein. Insofern entschloß ich mich zu diesem kühnsten Titel in der ganzen Reihe der Vorlesungen. Ist er der kühnste? Vielleicht der paradoxeste: denn der Augenblick trägt die Begrenzung schon in sich, die der Arche nur droht. Freilich auch die immer mögliche Erneuerung. Es ist eine ganz andere Tragfläche und Sinkfläche, auf die wir uns einschiffen. »Insel« nannten es Mallarmé und Hofmannsthal.

Beim Durchsehen der Titelliste all derer, die hier gesprochen haben, stelle ich plötzlich fest – ohne Verwunderung –, daß nach dem Wintersemester 1967/68 eine Pause von zehn, genauer elf Jahren eintritt, ehe die Vorlesungen zur Poetik im Sommersemester 1979 von Uwe Johnson wieder aufgenommen wurden. Nossack fragte (WS 67/68) als Gastdozent: IST POESIE LEHRBAR? Uwe Johnson beginnt 1979 eher trocken mit BEMERKUNGEN ZUR POETIK. BEGLEITUMSTÄNDE. Danach kam schon Muschg mit der »Therapie«.

Genau in dem Moment, in dem die Poetikdozentur unterbrochen oder, besser, abgebrochen wurde, im Frühjahr 1968, erschien mein Buch WOZU LYRIK HEUTE. DICHTUNG UND LESER IN DER GESTEUERTEN GESELLSCHAFT. Auf dem Umschlag, vorwärts wie rückwärts zu lesen, dick und provozierend das WOZU. Der von mir gezeichnete Klappentext beginnt: »Das Leben ist heute eine Erziehung zum Selbstverrat, um das Wort Konformismus einmal zu verdeutschen«, und endet so: »In der sich automatisierenden Gesellschaft von Vorder-, Hinter-, Nebenmännern ist Lyrik, diese Gegenkraft gegen Außensteuerung, zunehmend notwendiger, wie sie zunehmend gefährdeter ist.«

Das Buch erschien also gleichzeitig mit dem Ende der Vorlesungsreihe »Poetik«, wie mir jetzt erst auffällt, ich hatte es damals nicht bemerkt. Der Zeitpunkt konnte nicht passender sein. Dies Buch, eine Streitschrift, so wurde in einer Besprechung festgestellt, wolle »die angedrohte Hinrichtung der Poesie noch im letzten Augenblick verhindern und das Messer des Henkers gleichsam über dem Hals des Opfers aufhalten«. In einer »Ortsbestimmung 1975«, der Einleitung zur Taschenbuchausgabe, schrieb ich bereits optimistischer: »Die Poesie und der Mensch sind gleich zäh. Und bis zur endgültigen Abschaffung der Spezies werden sie noch einige Hinrichtungen miteinander durchmachen müssen«. Im Dezember 1981 konnte das Buch mit einem Umschlag erscheinen, der weit abweicht von dem Original von 1968, und ich bin selbst überrascht zu sehen, daß er den Titel dieser

Vorlesungsreihe vorwegnimmt. ATEMRAUM FÜR FREIHEIT, steht da in weißen Lettern auf hellem Blau. Dazwischen, Sie wissen es – obwohl es schon riesig weit zurückzuliegen scheint, in unserer dahinrasenden Zeit, der *acceleration*, Beschleunigung, – war Lyrik »verboten«. Niemand sagte von sich, er sei »Dichter«. Man nannte sich allenfalls »Lyriker«, so ein »iker«, wie der Elektriker, der Mechaniker. Das Handwerkliche war gerade noch annehmbar. Nur bei uns übrigens, weil bei uns alles immer gründlicher gemacht wird als anderwärts. Ich sagte: Lyrik war verboten. Ein metaphorisches Verbot. Verboten natürlich nur für die, die sich an solche Verbote halten und daran, was jeweils »in« ist. Also die, ob sie es sich zugeben oder nicht, manipulierbar sind. Diese ganze Vorlesungsreihe geht ja, schon dem Titel nach, darum, uns gegen die Programmierbarkeit zu stärken und die Augenblicke der Unabhängigkeit aufzurichten, diese Augenblicke der »aktiven Pause«, in der wir Subjekt und nicht Objekt sind.
Damals, die Jüngeren unter Ihnen erinnern sich kaum noch, war es ja auch verboten, Bäume zu lieben – von einem falsch verstandenen Brechtzitat her:

> Was sind das für Zeiten, wo
> Ein Gespräch über Bäume fast ein Verbrechen ist
> Weil es ein Schweigen über so viele Untaten
> einschließt!

Brecht hatte das gerade aus Liebe zu den Bäumen so formuliert. Bäume waren für ihn erst dann richtig, wenn sie ihm ins Fenster guckten. Ein Baum, zu dem er eine Viertelstunde weit laufen mußte, war eigentlich kein Baum für ihn. Und auf seiner Flucht vor den Nazis beschreibt er auch, wie er einen kleinen Baum begießt in dem Hof eines Hauses, das er nur für ein oder zwei Tage bewohnte. Es war Mode für junge Leute, waldbestandene Hänge anzustecken, im Sommer, wenn Brände sich ausbreiten konnten. Die Hänge von Heidelberg zum Beispiel. Und es war Mode, jemand, der sich an diesen Hängen freute, zu verhöhnen. »Der scheene deutsche Wald«, hörte man es hämisch hinter sich sagen.

Ich selber war eine Art Vorläufer der Grünen, ich versuchte, Zettel zu entfernen, auf denen das Todesurteil des demnächst abzuhackenden Baumes stand. Und manchmal gelang es. Inzwischen setzen sich ja die jungen Leute auf die Bäume, um zu verhüten, daß sie gefällt werden. Vielleicht die jüngeren Geschwister derer, die sie wenige Jahre zuvor angesteckt hatten, um nicht dazu beizutragen, daß Unrecht verschwiegen wird, wenn man über Bäume redet.

Das alles hat sich geändert, ist unterdes schon einen Dreh weiter und vielleicht sogar zu weit gegangen. Sehen wir heute noch die Bäume, die wir wieder mit gutem Gewissen liebhaben dürfen? Oder sehen wir nur noch das Skelett von morgen? Ich meine, freuen wir uns noch an den Bäumen, oder erleben wir sie als zukünftige Baumleichen, von uns selber, also von der Industriegesellschaft, ermordet? Ich meine hier kein »System«, Ost oder West, ich meine die unaufhaltsame Industrialisierung.

Sehr gefiel mir deswegen ein Gedicht, das mir ein junger Mann – sicher wäre er hier einer der Jüngsten – im September aus Schleswig schickte. Dazu schrieb er mir: »Oh, ich weiß, wie es um unsere Welt bestellt ist – Hölderlin und Eichendorff am verseuchten Rhein zu lesen: herzzerreißend. Und es sieht ja leider so aus, als würde es immer schlimmer werden. Aber dann denke ich mir auch immer mehr: Jetzt erst recht!« Das Gedicht, das ich zitiere, nennt er nach dem Titel meines letzten Buchs ABER DIE HOFFNUNG. Es beginnt und endet mit den Zeilen

immer noch ist
Licht
und Blühen

und

denn noch ist
Licht
und Blühen.

Der, der hier schreibt, lebt also noch den Augenblick, auf den es ankommt, und der uns allen in Wahrheit noch vergönnt ist.
Sicher aber kann unser Kummer, der ja die Liebe zu dem, was gefährdet ist, noch steigert, nicht bewegender ausgedrückt werden als in diesen Zeilen Reiner Kunzes:

UNTER STERBENDEN BÄUMEN

Wir haben die erde gekränkt, sie nimmt
ihre wunder zurück

Wir, der wunder
eines

Wie die Bäume sind auch die Liebe und die Poesie, die großen Tröster, wieder »erlaubt«. Damals, als die Poetikvorlesungen unterbrochen wurden, und als ich »das Messer des Henkers über dem Halse des Opfers gleichsam aufzuhalten versuchte«, da stand es schlecht um uns: Im Schreiben sei »keine Zukunft«, hieß es in KURSBUCH 15.

Und das war, als befehle ein Stadtkommandant eine Ausgangssperre. Mit »keine Zukunft« wird bei uns die Gegenwart verriegelt. Tröstlich, daß diese Parolen relativ kurzlebig sind. – Gerade las ich, daß in der Aufklärung »keine Zukunft« sei. Und stimmt es, daß auch in der Kritik »keine Zukunft« sein soll? »Zukunft« habe nur die »Weiblichkeit«, erklärte im Dezember 1987 eine Diskutantin in Frankfurt auf dem Kongreß »Zukunft der Aufklärung«. »... Ständig ändert sich / über meinem Hause die Wahrheit«, schreibt Krolow. Etwa im Fünfjahresrhythmus, ließe sich hinzufügen. »Zukunft«, das war damals, 1967/68, nur die politische Aktion, die Gesellschaftskritik, der KT, der »Kampftext«. Ich untersuche hier nicht die objektiven Faktoren, die die Bewegung ausgelöst hatten, die dann, nach in mancher Hinsicht vielversprechenden

Anfängen, statt zu mehr Kritik zu mehr Mitläufertum, statt zu mehr Freiheit zu mehr Bürokratie führte und letztlich alle enttäuschte.
Der Lyrik, der Liebe, drehte sie zuerst den Kragen um, beide als aktionsfeindlich abwertend. Der Literatur wurde damals ein verbales »Autodafé« errichtet. »Bücher lernt man kennen, wenn sie brennen«, behauptete ein Spruchband im Berliner Germanistischen Seminar. Wie weit liegt dies zurück! (Fast weiter weg, fast unglaublicher, als die keineswegs verbalen Bücherverbrennungen der Nazis 35 Jahre vorher, im Mai 1933.)
Ich möchte gleich sagen, ich schaffe das Wort »unglaublich« ab. Ich fordere Sie auf, hinter jedem »unglaublich«, das Sie sich sagen hören, sofort zu denken »glaublich«. Nur dann sind wir Realisten, wenn wir uns solch phantasielose Worte verbieten oder sie doch sofort auf die von uns zu lebende Wirklichkeit reduzieren. Das heißt, wir benutzen sie und relativieren sie sofort. Das erhöht unsere Kritikfähigkeit. »Natürlich« gehört auch zu den Worten, die ich mir meist noch im gleichen Atemzug verbiete. Das Gute, die Freundlichkeit, die Hilfsbereitschaft, wird meist mit »natürlich« abgetan. Nichts Gutes ist »natürlich«, es verdient die bewußte Dankbarkeit für das durchaus nicht Übliche.
Um wieder an die Bücherverbrennungen anzuknüpfen, die verbalen der späten 60er wie die realen des Jahres 33. Vor wenigen Tagen erfuhr ich, daß während der sogenannten chinesischen »Kulturrevolution«, die damals hoch bei uns in Gunst stand, inzwischen aber

selbst bei ihren Akteuren diskreditiert ist, chinesische Intellektuelle (z.B. Lehrer) ihre eigenen Bücher verbrannten, weil alles außer der Parteilektüre als »feudalistisch« angesehen werden konnte.
Heute sind Bücher in China wieder erlaubt. Soll ich »natürlich« sagen?
Majakowski, der den Gedichten eine unbegrenzte Zukunft prophezeite:

wie bis zum heutigen Tag
die Wasserleitungsbauten Roms
noch stehn und Wasser leiten

hat recht behalten. (MIT ALLER STIMMKRAFT, 1930.)
1973 war die »Wende«, um ein heikles Wort zu gebrauchen, die Wende in Sachen Poesie. Man durfte wieder »ich« sagen. »Wenn ich mal richtig ICH sage, wieviele da wohl noch mitreden können?« schrieb Peter Rühmkorf. In Wahrheit wurde ja unentwegt »Ich« gesagt, und es gab auch die, die sich das Schreiben nie haben verbieten lassen, die »schreiben, weil sie schreiben«. (*»Canto porque canto«*, drückte es hochgestimmter Pablo Neruda aus.)
Die Eremiten-Presse machte damals ein »Buch der Werbung«, in dem Autoren sich als Reklamemacher betätigen sollten. Ein lustiges Unternehmen. Ich warb für Lyrik mit diesen Sprüchen:

MACH MAL PAUSE
lies
lyrik

Lierik wie Lybe
STOPT DIE ZEIT

und

take a trip
lies
gedichte
triff
dich selbst

Eine Studentin schrieb mir daraufhin aus Tübingen: »Sie werden sich freuen. Mein Freund geht mit Gedichten unter dem Arm und nicht geheim.« Fast, als sei die Polizei hinter einem her, der noch Gedichte las, und als müsse man sie unter dem Ladentisch kaufen und wegstecken.
Interessant ist, rückblickend festzustellen, daß die Anti-Lyrikbewegung, dies Schreibverbot, etwas rein Bundesdeutsches war. Weder die Russen und der Ostblock, noch die Amerikaner, noch die romanischen Völker hatten daran teilgenommen, obwohl die 68er Bewegung ja aus Amerika über Paris zu uns gekommen war. »Ich denke, die Menschen fühlen sich heute zur Poesie hingezogen, so wie man bei Skorbut sich zu Vitaminen hingezogen fühlt«, hatte Wosnessenski erklärt, und ähnlich sprachen sich der Jugoslawe Popa und der Pole Różewicz aus. Aggressiver als alle Allen Ginsberg: »Wer den Rosen den Krieg macht, der soll ihn haben.« Terrayama, der japanische Avantgardist, erklärte Enzensberger bei dessen Aufenthalt in Tokio: »Eine Klassifikation in breite Masse und Bourgeoisie ist heute völlig überholt; betrachtet man nur das Äu-

ßere, nur die gesellschaftliche Seite des Menschen, werden damit die individuellen Probleme, die Probleme des menschlichen Inneren, an und mit dem man faktisch Leiden empfindet, nicht gelöst.« Enzensberger selber hatte, schon 1971, ein zögerndes Neubekenntnis zur Lyrik in Druck gegeben:

> Dagegen habe ich nie behauptet,
> nun gelte es ganz zu schweigen.
> Schlafen, Atemholen, Dichten:
> das ist fast kein Verbrechen.

Zwei Jahre zuvor hatte er noch erklärt (im Hinblick auf sein Buch VERTEIDIGUNG DER WÖLFE): »Der isolierte Franctireur von damals, der unverdrossen gegen den Wind geredet, hat inzwischen ausgelitten. Als wir zwölf Jahre später auf die Straße gingen, waren wir immer noch schwach, aber keine Einzelnen mehr, und wir hatten keine Gedichtbände in der Hand, sondern Analysen und Steine. Das Gedicht ist überflüssig geworden. Umso besser für das Gedicht.«*
Ich erinnere mich genau, daß ich ihn daraufhin anrief, 1969, und fragte, ob er nie wieder Gedichte schreiben wolle. Und daß er sehr zögernd und vorsichtig antwortete und es keineswegs für immer verschwor. Immer-

---

* H. Domin (Hrsg.): NACHKRIEG UND UNFRIEDEN. GEDICHTE ALS INDEX 1945–1970, Sammlung Luchterhand (Neuwied, 1970), S. 36 und S. 136. (Zur Zeit vergriffen).

hin ist es interessant festzustellen, daß noch 1960 Enzensberger sich mit aller Macht gegen das Ansinnen seiner alten Gegner Sieburg und Holthusen sträubte: »Sollen die Unterzeichner solcher Manifeste doch auf die Barrikaden gehen.« Man wolle, schrieb er damals, die literarische Opposition »wenn schon nicht von der Opposition, so doch von der Literatur abbringen. Ach, müßte das schön sein, wenn die lästigen Schreihälse endlich den Federhalter mit der Flinte vertauschten. Im Nu wäre ihnen das Handwerk gelegt«.

Ich zitiere gerne Enzensberger, weil er ein Indikator ist, das KURSBUCH sollte ja auch ein »Fahrplan« sein, ein Richtungsweiser. Ich zitiere ihn nicht wie einen Wetterhahn, der zeigt, woher der Wind weht, sondern eher wie einen Wettermacher, obwohl das Ganze ein dialektischer Prozeß ist, das Wetter wird ja nicht von einem Einzelnen gemacht.

Im Gegensatz zu Enzensberger hat Fried sich immer für das Gedicht als »Verhaltensmuster« ausgesprochen, und auch jüngere Autoren wie z. B. Uwe Herms (geb. 1937) erklärten, daß die Zeit, wo Gedichten die Berechtigung abgesprochen werde, »doch vorbeizugehen« scheine. Ingeborg Bachmann sagte 1970 zum Thema genau zwei Worte, am Telefon aus Rom: »Gedichte überstehen«, sagte sie.

Ganz unerwartet setzte sich plötzlich die Leitfigur der 68er, Herbert Marcuse, für das Lebensrecht der Kunst ein. Soll ich es als Antwort auf einen Appell deuten, den ich an ihn richtete, oder war es eine Koinzidenz? »Vermutlich wäre Marcuse beunruhigt, zu denken, daß er dazu beigetragen haben könnte, die seit kaum mehr als einem Jahrzehnt wieder auferstandene deutsche Dichtung, die sich endlich von der Erstickung unter Hitler erholt hatte und auf internationalem Plan erschien, in eine neue Krise zu bringen«, so schrieb ich * und schickte es ihm sofort. Er war ja ein sehr spontan reagierender Mensch. Bei einer kurz darauf (1971) in Köln stattfindenden Diskussion verkündete er: »Auch in einer befreiten Gesellschaft fallen Kunst und Realität nicht zusammen. Das Ende der Kunst wäre ein Weltzustand, wo Menschen nicht mehr unterscheiden können zwischen dem, was ist, und dem, was möglich wäre: in andern Worten, die vollendete Barbarei. Wer die Kunst als angeblich bürgerlich aufgibt, verfällt dem schlechten Bestehenden und ist im objektiven Sinne reaktionär.« »Dieser Satz schlug ein wie ein Blitz«, fährt der Berichterstatter fort.**

Ein Trend-Witterer wie Baumgart kehrte die Begriffe um: Die politischen Aktionen der APO, der »außerparlamentarischen Opposition«, wurden von ihm als »Literaturersatz« bezeichnet, während gerade noch Literatur als »Aktionsersatz« abqualifiziert worden war.

Entscheidend für das Comeback des Gedichtes war – dies muß offen zugestanden werden – die Eröffnung der FRANKFURTER ANTHOLOGIE, weil eben die FAZ,

---

* Nachkrieg und Unfrieden, S. 145/146

** FAZ, 18.6.1971

ganz wie die ZEIT und die SÜDDEUTSCHE, ein großes Forum ist. Noch kurz zuvor hatten Erich Fried und ich bei einer Klagenfurter Tagung (die nichts mit den späteren Klagenfurter Ereignissen zu tun hatte) Rudolf Walter Leonhardt bestürmt, er möge in der ZEIT doch wieder, wie vor diesen poesiefeindlichen Jahren, Gedichte abdrucken. Leonhardt weigerte sich. Wenn wieder Gedichte gelesen würden, werde die ZEIT auch wieder welche drucken, so etwa sagte er. 1972 muß das gewesen sein.

Im Juni 1974 eröffnete Reich-Ranicki die FRANKFURTER ANTHOLOGIE. Das Unternehmen wurde damals als ein weltfremdes »Beginnen«, ein »Versuch ohne Zukunft« betrachtet. Nach dem 300. Beitrag konnte man 1980 das »Jubiläum« feiern. Der Initiator schrieb, er habe die Anthologie eröffnet mit den Worten: »Vielleicht trifft es zu, daß die deutsche Lyrik stirbt.« Und er endet damit, daß das stärkste Echo der deutschen Gegenwart sich nicht in der Prosa, sondern in Gedichten finde.

Kurz zuvor hatte Peter Handke, der einzige junge Autor, der gegen die Trendwelle hochgekommen war, seine Büchnerpreis-Rede damit begonnen: »Wie wird man ein politischer Mensch?« und geendet mit: »Wie wird man ein poetischer Mensch?«

Und noch im Herbst des gleichen Jahres, in dem die FRANKFURTER ANTHOLOGIE angetreten war, meldete sich das KURSBUCH mit der Enttäuschung an der politischen Gruppe: der neue Zweckverband benutze nur einen Teil des Menschen. Ein Teil des Ich müsse täglich weggelogen werden, ganz wie in der Familie,

schlimmer als in der Familie. »Aggression nach außen als Liebesersatz.«
»Der nicht genug geliebte Mensch, wie kommt er heraus aus den Schablonen und zu sich selbst«, fragte ich damals in dem neuen Vorwort zu der alten Streitschrift WOZU. Rückblickend (verzeihen Sie, wenn ich mich selbst zitiere) bezeichnete ich das gerade überstandene »Exil in der Gesellschaft« als erkenntnisträchtige Erfahrung, die uns bewußter gemacht habe, beklagte aber auch, daß offenbar Leser und Drucker wieder bereit seien, aber noch keine neue Generation von Lyrikern in Sicht. Das hat sich seither ja gründlich geändert, nicht zum wenigsten dank des Impulses, den die bundesdeutsche Dichtung von DDR-Lyrikern empfangen hatte, die andere Krisen, aber nicht diese, durchgemacht hatten, und die sich hier integriert haben.
Wenn ich also zurückblicke auf die uns objektiv nahen und subjektiv schon ferngerückten Jahre, so darf ich eine Zeitschrift nicht vergessen, die immer für Lyrik offen war, die aber gerade auch in jenen Jahren neue Impulse empfing: die 1955 – ein Jahr nach Höllerers berühmteren AKZENTEN (1954) – von Kurt Morawietz gegründete Zeitschrift DIE HOREN, die 1971 auf eine neue breitere Basis gestellt wurde, und die sich mit Recht als Startplatz junger unbekannter Talente bezeichnet.
Hiermit beende ich diesen Ausflug in die eine halbe Generation zurückliegenden späten 60er und frühen 70er Jahre, zu dem mich das Verzeichnis der Poetikvorlesungen verführt hat, wobei mein Buch WOZU LY-

RIK HEUTE zu einer Art Bezugspunkt wurde. Hätte ich damals diese Vorlesungen gehalten, so wäre das für mich ideal gewesen: ich hätte mich als ein Streiter öffentlich in die Schlacht geworfen. Das Buch war gerade druckreif. Ich denke, es ist frisch geblieben. Nicht der Text, nur die Anmerkungen wären heute etwas anders, entsprechend den seither eingetretenen Veränderungen in der Haltung zum Gedicht. Ich hätte dann gerade die DOPPELINTERPRETATIONEN hinter mir gehabt,* von deren Redaktion ich Ihnen später berichten werde, und vor mir dieses ebenfalls noch nie und nirgends gemachte Unternehmen, NACHKRIEG UND UNFRIEDEN. GEDICHTE ALS INDEX 1945–1970, in dem die Autoren sich nicht interpretieren, sondern mitteilen, was für ein Anlaß, welche politische Aufregung sie zum Schreiben des jeweils abgedruckten Gedichts gebracht hat. Ein Buch, das eines der ersten der neuen Sammlung Luchterhand war (den einen zu links, den andern nicht links genug), und das nachweist, daß die deutsche Nachkriegslyrik nie und zu keiner Stunde restaurativ war.
Aus alle diesem sehen Sie, wie zentral die Frage der Lyrik in meinem Leben war, und wie ein Mensch, der Exil und Verfolgung hinter sich hat, mitnichten ein Elfenbeinturmbewohner ist, vielmehr einer, der sich der Widersprüche seines Lebens bewußt ist und nicht kneift, sondern sich ihnen zu stellen versucht.

---

* DOPPELINTERPRETATIONEN. DAS ZEITGENÖSSISCHE DEUTSCHE GEDICHT ZWISCHEN AUTOR UND LESER. Athenäum (Frankfurt, 1966, Fischer Taschenbuch seit 1969).

Ich gehe einen großen Schritt zurück, zu meiner Rückkehr nach Deutschland 1954 und zu den letzten Jahren vor dieser Rückkehr. Also zur Situation des unmittelbaren Nachkriegs, und versuche, sie Ihnen darzustellen.

Das Gedicht war auch damals totgesagt worden: von einem berühmten Exilanten, von Adorno. Daß nach Auschwitz keine Gedichte mehr geschrieben werden könnten, das formulierte er noch in New York, 1949 (1951 bei uns veröffentlicht). Ein Satz, so beeindrukkend wie verkehrt – kaum totzukriegen. Nicht mal vom Autor selbst, der von ihm abgerückt ist, ihn 1966 ausdrücklich als falsch erklärt hat. Noch 1964, nach einer Lesung in Harvard, widmete mir Herbert Marcuse sein Buch EROS AND CIVILIZATION mit den Worten: »weil sie (also ich) nach Auschwitz noch Gedichte schreibt und schreiben mußte«. Hätte ich ihn nicht so gut gekannt, hätte ich kaum gewagt, ihn zur Verteidigung der Poesie zu provozieren und ihm seine unfreiwillige Mitwirkung beim Vernichten der deutschen Dichtung vorzuhalten.

Nein, nicht trotz, sondern wegen Auschwitz waren Gedichte nötig und nötiger denn je. Noch ehe der fatale Satz formuliert war, war er schon von großen Dichtern widerlegt. Celan hatte bereits die TODESFUGE geschrieben. Und Nelly Sachs, zuvor eine graziöse, epigonale Autorin, wie Studien über ihre frühen Arbeiten belegen, wurde zu dieser unüberhörbaren Stimme, als die Schreckensnachrichten in Stockholm eintrafen: die Nachrichten von der Wannseekonferenz und dem Abtransport und der Vernichtung der Berliner Juden. DIE WOHNUNGEN DES TODES, entstanden 1943, wurden 1947 in Ost-Berlin gedruckt. Horst Bienek, damals achtzehnjährig, hat Sachs dort noch gelesen. Das Buch soll die jungen Leute sehr bewegt haben. »Es war ein Kronzeugenbuch« sagt er, »ohne im Realismus stecken zu bleiben. Ganz, was wir damals brauchten.« In Westdeutschland (Teilung 1948) blieb es fast unbemerkt.* Ihren großen Aufruf VÖLKER DER ERDE veröffentlichte Huchel 1950 in SINN UND FORM.

Völker der Erde,
zerstöret nicht das Weltall der Worte,
zerschneidet nicht mit den Messern des Hasses
den Laut, der mit dem Atem zugleich geboren wurde.

Völker der Erde,
O daß nicht Einer Tod meine, wenn er Leben sagt...

Ihr zweiter Band, STERNVERDUNKELUNG (Bermann Fischer, Amsterdam, 1949), mußte, ganz wie Paul Celans erster Band, SAND AUS DEN URNEN (Wien, 1948), der schon die TODESFUGE enthielt, mangels Interesse eingestampft werden (Celan, so heißt es, zog die kleine Auflage persönlich zurück, wegen Druckfehlern).

---

* Die Auflage von 20000 war, wie mir Peter Huchel mitteilte, damals durchaus üblich, das Buch war sehr billig (3,75 Mark). Ob die ganze Auflage ausgeliefert worden sei, sei unsicher.

Direkt nach dem Kriege war man allergisch gegen die großen Worte, das ist in den Erklärungen der Gründer des RUFS und der »Gruppe 47« nachzulesen. Bei der Tagung in Niendorf, 1952, soll die Lesung der TODESFUGE nicht sonderlich beeindruckt haben. Weyrauch erzählte mir, wie er dem enttäuschten Celan sein Köfferchen an den Zug getragen habe. Immerhin interessierte sich die DVA für ihn, denn die erste Ausgabe stammt aus eben diesem Jahr, so daß sich die Lesung letztlich doch als Start erwies, weitere Lyrikbände erscheinen konnten, darunter SPRACHGITTER mit dem Gedicht ENGFÜHRUNG, für mich so wichtig und auch wichtiger als die TODESFUGE, die unterdes, um das schreckliche Wort zu gebrauchen, populär geworden ist. Es folgten der Bremer und der Büchnerpreis. In ihrer Laudatio sagte Marie Luise Kaschnitz über Celan: »Der falschen Vertrautheit des Alltagsredens enthoben, war er imstande, diese mit soviel Bitterkeit geliebte deutsche Sprache für sich neu zu entdecken und auf eine neue Weise über sie zu verfügen.«

Wenn irgend einer der Verfolgten, so wurde Celan integriert, und, obwohl er nie wieder eine Tagung besuchte, hatte er die vollste Unterstützung der 47er.

Nelly Sachs dagegen fand fast zehn Jahre lang, bis 1957 (Ellermann) und 1959 (Deutsche Verlagsanstalt), keinen Verlag mehr, in einer doch an Lyrik interessierten Zeit. Dann allerdings wurde sie ganz präsent, dank dem aktiven Interesse des jungen Enzensberger und dank Siegfried Unseld. Seit 1961 erschienen ihre großen Bände bei Suhrkamp: die schönste Lyrikerausgabe dieser ganzen Jahrzehnte. 1960 – das ist für die

Frage der Wiederbegegnung mit der Heimat interessant – kam sie zum ersten Mal zurück nach Deutschland: von Zürich aus über den Bodensee nach Meersburg, um den Meersburger Droste-Preis anzunehmen. Mit großem Zögern, dann aber überwältigt: »Eine Märchenfahrt«, schrieb sie mir damals fast atemlos, »und in Meersburg der Anstand der Jugend«. – Diese so überschwenglich erlebte Reise endete tragisch: in einem Anfall geistiger Umnachtung und der Flucht ins Irrenhaus. Mit der Liebe zu Deutschland war auch das Entsetzen wieder da, die Gestapo, Auschwitz. Ich habe den wohl einzigen Brief, den sie in diesem Wahnsinnsanfall geschrieben hat. Immer, bis zu ihrem Tode aber, ist sie ihren »jungen deutschen Lesern« treu geblieben und noch aus der Anstalts-Zelle, die mehr als einmal Zuflucht für sie wurde, hat sie diese Kontakte aufrecht gehalten, wie mir Unseld sagte.
Dies war nur ein Exkurs über Adornos Verdikt und seine Widerlegung durch zwei Dichter, die Auschwitz mit Mühe und Not entkommen waren.
Daß die Lyrik in der Bundesrepublik gegen die Erklärung ihrer Unmöglichkeit antrat, ist ein bereits überholtes Urteil, das wissen wir im Rückblick. Es spielte zunächst keine Rolle. Hier stand damals die Sprachkrise im Vordergrund, die der Mißbrauch des Worts durch den NS-Staat hinterlassen hatte. Dann die praktischen Schwierigkeiten der Währungsreform.
Dazu kam, naturgemäß, daß – nach der Zeit der Isolierung – man auf die Welt neugieriger war als auf das Inland. 1956 noch legte Wolfgang Weyrauch seinem Buch GESANG UM NICHT ZU STERBEN einen getippten

Zettel bei: »Katechismus, dem deutschen Sortiment aufgesagt«, in dem er sich an die Buchhändler wendete, »die für Lorca und Prévert sind, weil der eine ein Spanier und der andere ein Franzose ist, und die gegen Marie Luise Kaschnitz und Günter Eich sind, weil sie in deutscher Sprache schreiben« und endete beschwörend: »Gedichte müssen sein... Es ist nicht wahr, daß die deutschen Leser gegen Gedichte sind!«
Vielleicht sollte ich Ihnen hier von meinen ersten Kontakten mit der deutschen Nachkriegslyrik berichten. Für mich war das so aufregend, mindestens, wie für die Dichter und Leser in Deutschland die Literatur des Auslands. Also genau die umgekehrte Situation. Noch nach Santo Domingo schickte uns meine Mutter den ersten Band von Günter Eich: ABGELEGENE GEHÖFTE (in dem kleinen Verlag Schauer, Frankfurt, 1948 erschienen). Darin die kargsten Gedichte, die ich vielleicht je gelesen hatte. INVENTUR, 1945 geschrieben, zeitgleich mit der TODESFUGE. Gedichte aus dem Gefangenenlager am Rhein. Damals schrieb Hans Werner Richter, die »ersten Zeichen einer neuen literarischen Entwicklung kommen aus den stacheldrahtumfriedeten Dörfern und Städten dieses Kriegs«.
Sehr entgegengesetzt der neue Band Benn: STATISCHE GEDICHTE (1948 bei Schifferli), übrigens mit enthusiastischen Lobsprüchen von Andersch auf dem Umschlag. Für mich aufregend waren die Gedichte von Yvan Goll: TRAUMKRAUT (Limes, 1951), auf dem Sterbebett geschrieben, und die MALAIISCHEN LIEBESLIEDER (St. Gallen, 1952), aus denen ich Ihnen zitiere:

Ich möchte nichts sein
Als die Zeder vor deinem Haus
Als ein Zweig der Zeder
Als ein Blatt des Zweiges
Als ein Schatten des Blatts
Als die Frische des Schattens
Der deine Schläfe kost
Eine Sekunde lang.

Daneben stelle ich ein Gedicht von Rafael Alberti, in der Übersetzung von Erwin Walter Palm, damit Sie sehen, wie nahe das beieinander lag: bei den mir damals so vertrauten Tönen:

Im Erlenschatten, Liebste,
im Erlenschatten nicht.

Unter den Pappeln ja
dem Weiß und Grün der Pappeln.

Weißes Blatt du
grünes Blatt ich.

Die widerwärtige Kontroverse Goll-Celan, der Plagiatvorwurf, den Claire Goll Celan machte, entbrannte erst nach Golls Tod, hat aber, das muß ich unbedingt aussprechen, zu einem fast vollständigen Totschweigen Golls geführt. Noch heute liest man nie, daß Goll es war, der Celan auf seine Bitten nach Paris holte. Celan hat, solange er lebte, mit seinem »Er oder ich« den Freund wie eine Billardkugel aus allen Antho-

logien gestoßen. (Ich selber erfuhr das erst bei der Redaktion der DOPPELINTERPRETATIONEN, bei denen er an sich gerne mitgemacht hätte, es aber ablehnte, weil Exner unter den Interpreten war: Exner, als Student zunächst auf Seiten der Claire Goll, aber damals längst Celananhänger, was aber an Celans Entschluß nichts änderte.)
Ich schließe für heute mit einem Gedicht von Günter Eich, aus dem 1953 erschienenen Band TRÄUME, seinem ersten bei Suhrkamp, den wir uns gleich besorgten, als wir die Aufführung seines Hörspiels DIE MÄDCHEN VON VITERBO in Berlin gesehen hatten.
Ich lese das bekannte Gedicht zu TRAUM 5. (Ich lese es nur auszugsweise, Anfang und Schlußstrophe.)

WACHT AUF, DENN EURE TRÄUME SIND SCHLECHT

Wacht auf, denn eure Träume sind schlecht!
Bleibt wach, weil das Entsetzliche näher kommt.

Auch zu dir kommt es, der weit entfernt wohnt
von den Stätten, wo Blut vergossen wird,
auch zu dir und deinem Nachmittagsschlaf.
...
Wenn es heute nicht kommt, kommt es morgen,
aber sei gewiß.
...
Nein, schlaft nicht, während die Ordner der Welt
geschäftig sind!

Seid mißtrauisch gegen ihre Macht, die sie vorgeben
für euch erwerben zu müssen!
Wacht darüber, daß eure Herzen nicht leer sind, wenn
mit der Leere eurer Herzen gerechnet wird!
Tut das Unnütze, singt die Lieder, die man aus eurem
Mund nicht erwartet!
Seid unbequem, seid Sand, nicht das Öl im Getriebe
der Welt!

Damals wurde dieser Aufruf gegen die Gleichgültigkeit des Herzens zweifellos als Vorwurf der Mitschuld an den Nazi-Verbrechen gelesen. Entstanden ist er, wie Eich mir mitteilte, aus der Erregung über den Koreakrieg und die Wasserstoffbombenexperimente auf Bikini. »Bikini war damals kein Badeanzug, es war eine Insel«, sagte Eich.* Dieser Aufruf hat nichts von seiner Aktualität verloren. Im Gegenteil.
Dennoch, wenn ich diesen Aufruf lese:

Bleibt wach, weil das Entsetzliche näher kommt.
Auch zu dir kommt es, der weit entfernt wohnt
von den Stätten, wo Blut vergossen wird,

so fühle ich, heute mehr als 1970, als ich dieses Gedicht kommentierte, die Notwendigkeit, daneben Eichs TRAUM 2 zu stellen: was nur heißt, daß die Wirklichkeit noch erdrückender geworden ist und fast schon zu

* NACHKRIEG UND UNFRIEDEN, S. 25.

Selbstmitleid verführt. Und daß die antizipierte Apokalypse, die atomare wie die ökologische, für viele von uns – im Gegensatz zu Günter Eich – eine Art Alibi für Gleichgültigkeit geworden ist, weil ja doch alles verloren sei.
Ich lese daher noch aus Eich, TRAUM 2:

In der Stunde X werde ich dennoch denken, daß die Erde schön war.
Ich werde an die Freunde denken, an die Güte, die ein häßliches Gesicht schön macht,
an die Liebe, die die Augen verzaubert...
ich werde denken an den Herzschlag der Eidechse, die mich erblickt hat,
und an ein Gedicht im »Westöstlichen Diwan«, das mich tröstete.

II

Wie es ist, wenn einer / eine plötzlich am Rande der Welt zu schreiben anfängt. – Der Beitrag von politisch Verfolgten und von Frauen. – Abkühlung des Liebesgedichts?

Fast gleichzeitig mit den Gedichten der TRÄUME von Günther Eich, die ich zum Schluß der ersten Vorlesung las, entstand mein Gedicht WEN ES TRIFFT, in dem übrigens auch der Koreakrieg gegenwärtig ist, das letzte Gedicht, das ich vor der Rückkehr schrieb.
Ein sehr langes Gedicht, von dem ich Ihnen nur den Schluß lese, den Aufruf an den, der dem Überlebenden von Verfolgung begegnet: also ein Aufruf an alle. Wir leben ja im Jahrhundert der Flüchtlinge.

Du aber
der Du ihm
auf jeder Straße begegnest,
der Du mit ihm
das Brot brichst,
bücke Dich und streichle,
ohne es zu knicken,
das zarte Moos am Boden
oder ein kleines Tier,
ohne daß es zuckt
vor Deiner Hand.
Lege sie schützend

auf den Kopf eines Kinds,
lasse sie küssen
von dem zärtlichen Mund
der Geliebten,
oder halte sie
wie unter einen Kranen
unter das fließende Gold
der Nachmittagssonne,
damit sie transparent wird
und gänzlich untauglich
zu jedem Handgriff
beim Bau
von Stacheldrahthöllen,
öffentlichen
oder intimen,
und damit sie nie,
wenn die Panik
ihre schlimmen Waffen verteilt,
»Hier« ruft,
und nie
die große eiserne
Rute zu halten bekommt,
die durch die andere Form
hindurchfährt
wie durch Schaum.
Und daß sie Dir nie,
an keinem Abend,
nach Hause kommt
wie ein Jagdhund
mit einem Fasan
oder einem kleinen Hasen

als Beute seines Instinkts
und Dir die Haut
eines Du
auf den Tisch legt.

Damit,
wenn am letzten Tag
sie vor Dir
auf der Bettdecke liegt,
wie eine blasse Blume
so matt
aber nicht ganz so leicht
und nicht ganz so rein,
sondern wie eine Menschenhand,
die befleckt
und gewaschen wird
und wieder befleckt,
Du ihr dankst
und sagst
Lebe wohl,
meine Hand.
Du warst ein liebendes
Glied
zwischen mir und der Welt.

Ohne das Jahr in den USA, ohne die amerikanischen Dichter, Robert Frost zum Beispiel, hätte ich kaum den langen Atem aufgebracht, diese letzte große Summe meiner Erfahrungen zu schreiben, die, von heute her gesehen, vielleicht fast ebenso sehr als Vorwegnahme der Rückkehr zu lesen ist (soweit man das Gedicht

überhaupt noch als Teil der Biographie des Autors betrachten will).
Dies Gedicht wurde sehr bekannt. 1961 las ich es in den Hamburger Kammerspielen, vor einem Theater voller Schüler. Neuerdings haben es junge Leute in einer Art Kirchen-Rock vertont, und es wird auf Kirchentagen gesungen. Titel: HIOB HEUTE. Es ist ihr Gedicht geworden: ganz neu.
Denkt der Mensch, der zu schreiben beginnt, an künftige Leser? Ich damals gewiß nicht. »Ich kam als Rufer zurück«, aber das habe ich erst viel später erkannt. Daß dieser Ruf gehört werden könnte, daß ich als Zeuge meiner Erfahrungen durch solche Gedichte die Rückkehr vor mir selbst rechtfertigen könnte – in den Augenblicken, wo ich der Rechtfertigung bedarf – nichts lag mir ferner. Daß ich heimgekehrt bin in das Land meiner Sprache, hat in diesem Sinne eine so nicht vorhergesehene objektive Dimension bekommen.
Für mich gab es damals nur die Stimmen der andern. Einzelne Gedichte von Bachmann und Celan las ich 1953 noch in der NEUEN ZEITUNG in New York. Und kaum in Hamburg angekommen, im Februar 1954, ging ich in eine Buchhandlung und verlangte Bachmann und Celan. Aber es gab nur MOHN UND GEDÄCHTNIS (dank der Deutschen Verlagsanstalt). Bachmanns GESTUNDETE ZEIT, in einer winzigen avantgardistischen Reihe erschienen, war praktisch unerhältlich. Ihre Gedichte gab es erst 1956 und 1957 bei Piper.
Von der Prosa, die wir vor der Rückkehr lasen, noch in

Santo Domingo, erwähne ich nur DR. FAUSTUS (Bermann Fischer, Stockholm, 1947). Thomas Mann war die Rückkehr* gelungen, er war in der Figur seines Zeitblom bereits in Deutschland, während er in Wirklichkeit noch im Exil in Kalifornien saß. Kein anderer Aspekt dieses so faszinierenden Buchs wurde zwischen uns intensiver diskutiert.
Vielleicht interessiert es Sie noch, daß wir kurz vor der Abreise nach Europa in Cambridge, Massachusetts, von der größten dortigen Buchhandlung, Schönhofs, also der Hauptbuchhandlung der Harvard Universität, Brechts BUCKOWER ELEGIEN geschenkt bekamen (in einem Band mit dem KAUKASISCHEN KREIDEKREIS, in VERSUCHE 13, Suhrkamp), sowie ein Bändchen von Stephan Hermlin, DIE STRASSEN DER FURCHT, 1947 in Singen gedruckt. Die Bücher waren nicht gefragt, es bestand offenbar damals, 1953, noch keinerlei Interesse für neue deutsche Gedichte.
Für uns haben Gedichte ja immer eine besondere Rolle gespielt. Nie war diese Rolle größer als während unserer Exile. Gedichte lesend machten wir uns jeweils in dem fremden Lande, in der fremden Sprache ein wenig heimisch. Wozu in unserem Falle noch kam, daß Palm die Gedichte übersetzte, und wir sie dann in beiden Sprachen lasen: auf deutsch und auf spanisch, zum Beispiel. Eine Art, sich heimisch zu machen, mit der wir ja nicht alleine standen. Nelly Sachs in Schweden,

* Den Roman hat er nach der Wende von Stalingrad, also 1942, begonnen.

Erich Fried in England, manche anderen haben es genauso gemacht. Alle nur aus Liebe zur Sprache, zu den Sprachen, aus innerer Notwendigkeit, ohne Gedanken an Veröffentlichung.

Ein Toter bin ich der wandelt
gemeldet nirgends mehr
...
der ich unter Menschen nicht leben kann

Ich mit der deutschen Sprache
dieser Wolke um mich
die ich halte als Haus
treibe durch alle Sprachen

So schrieb später Ingeborg Bachmann unter dem Titel EXIL.

»Gedichte lesend und vorlesend verbringt man die Abende, auch in Armut und Verfolgung, sehr glücklich«, habe ich in meiner Selbstdarstellung vor der Darmstädter Akademie (LEBEN ALS SPRACHODYSSEE) geschrieben. Das gemeinsame Lesen und Vorlesen von Gedichten hat etwas sehr Verbindendes. In dem eben erschienenen Band ERINNERUNGEN AN HESSE las ich gerade, daß auch Hesses – und noch bis zu seinem Tode – die Abende so verbrachten.
Als wir zurückkamen, im Februar 1954, war es ganz kurz her, daß ich selber zu schreiben begonnen hatte. Diejenigen, die gelegentlich bemerken, ganz offensichtlich habe mich der Gedanke an die bevorstehende

Rückkehr dazu gebracht, gehen fehl. Eher war es umgekehrt. Daß ich in einer Lebenskrise mich in die deutsche Sprache rettete, mit ihr ein ganz neues und weit intensiveres Verhältnis begann, daß sie sozusagen auf mich gewartet hatte und für mich da war, das hat mich der Rückkehr, als die Einladung kam, wohl geneigter gemacht. Es erwies sich als folgerichtig, obwohl nichts ganz rational zu erklären ist, immer ist die Situation komplexer.

Daß ab 1957 Gedichte von mir in deutschen Zeitschriften erschienen, das war nur einer der Aspekte der Rückkehr. Literaturbetrieb gab es für mich nicht, nur die Sache selbst. Ich denke, es war wesentlich das Land Günter Eichs, aus dem jemand wie ich, der zögernd gekommen war, keine Rückfahrkarte mehr brauchte.

Mein erstes Buch, NUR EINE ROSE ALS STÜTZE, erschien im Herbst 1959 bei Fischer. Ich bekam es in Madrid. Walter Jens schrieb damals in der ZEIT, mit der »Rose« sei die deutsche Sprache gemeint, die unser Halt gewesen sei in den Jahren des Exils. Also wußte Walter Jens mehr über den Titel als ich, wie ja oft Leser einem Autor etwas über das eigene Gedicht beibringen, das er mit Erstaunen lernt. Noch im Frühjahr hatte ich mit Hesse darüber diskutiert, ob dieser fragile Titel überhaupt gehe. Hesse schrieb mir dann, er habe sich überzeugt, ich solle dabei bleiben.

Der Band stiftete Verbindungen: mit Nelly Sachs, mit Busta, mit Lavant, mit Krolow. Eich kannte ich schon gut genug, um ihm bei der Redaktion Zweifel vorlegen zu dürfen. Ich übertrug damals drei seiner Gedichte

ins Spanische, sie erschienen in CARACOLA, der Zeitschrift, die Vicente Aleixandre protegierte und in der ich bereits seit 1956 regelmäßig veröffentlichte. Auch Enzensberger publizierte ich dort. Und bald darauf eine Mini-Anthologie zeitgenössischer deutscher Lyrik in der spanischen Ausgabe von HUMBOLDT. – Bachmann hatte bereits neue Gedichte von mir in den BOTTEGHE OSCURE im Druck, der viersprachigen Zeitschrift, die damals unter der Redaktion Giorgio Bassanis in Rom erschien.
Dieser ermutigende Empfang der Gedichte war nur eine Art Vorbote der Rückkehr. Wir lebten aus Koffern, in möblierten Zimmern, von Stipendium zu Stipendium: für Palms Arbeit über DIE BAUDENKMÄLER DER INSEL HISPANIOLA, eine Pionierarbeit, die in Spanien bei Seix y Barral gedruckt wurde, wo ich dann gleich Bölls HAUS OHNE HÜTER unterbrachte, den ersten deutschen Nachkriegsroman, der in Spanien erschien. Wir waren keine Spanien-Touristen im üblichen Sinne, wir arbeiteten dort. Ich war auch keine »freie Schriftstellerin«. Ich war, was ich seit Jahren gewesen war: Palms Mitarbeiterin bei seinen wissenschaftlichen Arbeiten. Erst als die Universität Heidelberg 1960 einen Lehrstuhl für lateinamerikanische Kunst für ihn schuf, kann man im praktischen Sinne von Rückkehr sprechen. Von Heidelberg nach Heidelberg, rund um den Globus.
In Heidelberg sah ich mein Buch zum ersten Mal in einem Schaufenster. Ich war viel zu schüchtern, um hineinzugehen und mich vorzustellen. Ich habe immer noch Hemmungen. Die Gedichte, die ich veröffentlicht

hatte, waren fast alle nach meiner Rückkehr nach Europa geschrieben. Mit Ausnahme von WEN ES TRIFFT und wenigen anderen. Der Autor muß erst lernen, daß Gedichte sich selbständig machen, sich von ihm lösen. Im Anfang hält man seine Gedichte für etwas Eigenstes, Persönliches, was sie zugleich sind und nicht sind. Es ist ein großer Trost, wenn man plötzlich begreift, daß man für andere mitgesprochen hat, »daß die allereigenste Enge« – ich zitiere Celan – »aus der das Gedicht befreit«, zugleich Enge als solche aufbricht. Das Einsamste wird zur Enteinsamung. Für den Autor wie für den Leser. Im Anfang weiß man das nicht. So kommt es, daß erst jetzt, 1987, der größere Teil meiner frühen Gedichte unter dem Titel DAS VERBRENNEN DER SCHIFFE in den Sammelband aufgenommen wurde.

Autor und Leser sind Zwillinge, hat Virginia Woolf gesagt. Davon bin ich überzeugt. Im übrigen bin ich ja besonders geeignet, hierüber Rede und Antwort zu stehen: Bis zu meinem 38. Jahr, bis zum Herbst 1951, war ich nur Leserin. Ich habe also, in diesem Sinne, eine Doppelexistenz, ein Vorher und ein Nachher. (So wie der Seher Teiresias eine Zeitlang Frau war, der Sage nach, und daher Doppelexistenzen gut vergleichen konnte.)

Allerdings war ich Leserin in vielen Sprachen, wie es mein Leben mit sich brachte. Zudem war ich Spracharbeiterin, Übersetzerin aus und in andere Sprachen. Wir mußten im Laufe der Jahre unseren Unterhalt in vier verschiedenen Sprachen verdienen. Das erwies sich, nachträglich, für mich als Vorbereitung auf das Leben als Hilde Domin. Ich war keine Anfängerin, ich hatte mit Worten gearbeitet. Das Gewicht jedes Worts, seine so verschiedenen, horizontalen wie vertikalen Bedeutungsstrata, die ihm zugewachsenen Assoziationen, sind ja in jeder Sprache verschieden. In einer kann ein Wort neu und überraschend sein, und in der eigenen ist es längst verbraucht. »Weiß wie ein Bettuch« zum Beispiel. Bei uns ein Klischee. Ins Spanische übersetzt ein »Aha-Effekt«. Wie weit ein Wort reicht, was sich ihm an der Peripherie und in den Tiefenschichten angliedert, das erfährt man nie genauer als beim Arbeiten mit fremden Sprachen. Weswegen es für Dichter, aber auch für Leser, für jeden, der sich mit Literatur beschäftigt, keine bessere Spracherziehung gibt als aufmerksame und kritische Arbeit mit fremden Sprachen. Das kommt dem Umgang mit der eigenen Sprache dann zugute. Man ist zugleich in ihr und doch selbstkritisch.

1951 also stieß es mir zu: in einer äußersten Krise. Wem es so zustößt, dem stößt es zu in einer Not. Je nachdem, was für ein Handwerk und was für eine Begabung einer hat, er muß sich von einem Druck befreien, unter dem er nicht weiterleben könnte. Aussprechen können, was einem geschieht, befreit. Für den Augenblick zumindest. Leid wächst ja nach. Probleme wachsen nach. Und müssen erneut ausgesprochen und damit festgehalten und doch auch fest-gehalten werden: Nähe und Distanz in einem schafft das Gedicht. Mehr als Musik, denke ich. Aber ich bin ja kein Musiker. Mehr als Malen.

Dennoch sind alles Versuche in die gleiche Richtung.

Mein erstes Gedicht schloß mit den Zeilen:

Und eine große Blüte stieg
leuchtend blaß
aus meinem Herzen.

Ich habe das, viel viel später, so formuliert:

... Eine Stimme
die ein Wort sagt
das Widerfahrene

mit etwas Luft die in uns aufsteigt
mit nichts als unserm Atem
Vokale und Konsonanten
zu einem Worte fügend
einem Namen

es zähmt
das Unzähmbare
es zwingt
einen Herzschlag lang
unser Ding zu sein.

Statt weiter Abstraktes, sollte ich Ihnen lieber zuerst etwas Konkretes zu diesem Ereignis sagen, das ich ja mehrfach beschrieben habe. Ich zitiere also, aus WARUM EINER TUT, WAS ER TUT:

»Warum ich schreibe? Das war nicht vorgesehen. Ich hatte mir nichts vorgenommen, es passierte, wie wenn einer überfahren wird. Oder wie Liebe. Man handelt nicht, es passiert.

Ich hatte das Gedicht abgetippt, sofort nach dem Aufstehen. Noch am gleichen Tag übersetzte ich es ins Spanische. Nur so. Ohne andere Absicht, als um es auszuprobieren, um zu sehen, ob der Text standhielt. Wie man ein Gewebe prüft, wie es von der anderen Seite ist. Es war plötzlich da, ich wollte sehen, was mit ihm los war. Dabei war das Gedicht fast eine Nebensache. Ich war nicht stolz darauf, ich nahm es zur Kenntnis. Das Gedicht trennte sich gar nicht von mir, damals. Ich weiß nicht, ob ich es richtig zu Gesicht bekam. (Normalerweise trennen sich Gedichte, machen sich selbständig, immer schneller.

Worte drehen nicht den Kopf
sie stehen auf
sofort
und gehn

wie ich später diesen erstaunlichen Prozeß, die Objektivierung, beschrieben habe.) Ich schrieb weiter Gedichte. Ich war ein Sterbender, der gegen das Sterben anschrieb. Solange ich schrieb, lebte ich. Das Handwerk hatte ich längst. Ich hatte es nicht gebraucht. Nun brauchte ich es.

Es ist eine Selbstverdoppelung. Das Innen wird Außen und umgekehrt. Ein Objektivierungsprozeß, der Glücksfall schöpferischer Arbeit (wie sie sogar Marx definiert). Das unerhörte Fremdgefühl wird überwunden, ohne daß man stürbe oder sich umbrächte.

Lorca sagt, das Quecksilber soll hinter den Spiegeln zerreißen. Ich dachte das. Das Gedicht sollte die Wirklichkeit verändern, die unlebbar war. Sie veränderte sich. Ich schreibe also, weil ich schreibe, seit ich zu schreiben angefangen habe. Jede andere Begründung ist eine nachträgliche. Es ist die Sprache. Seit ich diese Art Umgang mit ihr habe, seit sie mir zum Partner geworden ist, kann ich es nicht lassen. Es ist eine Leidenschaft, ihr diese ganz kleinen Schubse zu geben und den Anprall zu fühlen. Die Zeit hört völlig auf, wie beim Liebesakt. Es ist ein schizophrener Vorgang, zugleich aktiv und passiv. Eine Art Zauberkunst, ein Akt der Befreiung durch Sprache. Die Worte meinen ja Dinge. Die Dinge werden verändert oder anders geordnet je nach der Wortkombination. Sie ordnen sich neu. In einer ganz anderen Sphäre, in der man zugleich drinnen, aber mehr noch draußen ist, und eben deshalb frei von ihnen, die jetzt in den Worten und ansehbar, anhörbar, gelöst vom Ich sind.«

Jetzt werden Sie sagen: Sie war eine Sterbende, die plötzlich weiterleben konnte. Da ist sie doch beim Thema von Muschg. Sie spricht doch von Therapie. Von außen her gesehen können Sie das auch sagen. In gewisser Weise tue ich es. In Wirklichkeit tue ich es nicht. Sehr oft ist ja das Gedicht als Therapie bezeichnet worden. Es gibt psychiatrische Institute, die es damit versuchen. In den USA hat man die Poesie sogar als »Magd«, als eine Art Dienstmädchen der Psychiatrie bezeichnet. *Poetry a new ancillary therapy in psychiatry.* Da ist aber ein großer Unterschied. Therapie kann man anordnen, wie man kalte Wickel anordnet. Oder wie man dem Patienten eine Einspritzung verpaßt. Mit Dichtung kann man das nicht. Man muß zu ihr hingehen dürfen, sie zu sich kommen lassen. Dichtung entsteht zwar unter Notwendigkeit. Aber dennoch in Freiheit. Sie ist geradezu eine Manifestation von Freiheit. Das heißt, sie kommt nicht von außen, sondern aus dem Menschen selbst: aus seiner Phoenixnatur, seinem Wiederauferstehungsvermögen, seiner allerinnersten Kraft. Es ist eine Selbstrettung, wobei der Begriff des Geschenks oder der Gnade durchaus verwendbar ist. Vielleicht ist es kein Zufall, daß gerade die ehemals Verfolgten, wie wenige auch überlebt haben, einen so großen Anteil an der deutschen Nachkriegsdichtung stellen. Ganz unverhältnismäßig. Obwohl ja kaum einer von ihnen hier lebte oder lebt. Aber so gut als ob sie hier wären. Ich zähle hier nicht auf, das wäre mir zuwider. Verfolgte, ganz wie auch Frauen – als geistige Arbeiterinnen ja eine oft diskriminierte Minderheit – sind also seit 1945 überraschend vernehmbar. Auch unter den Verfolgten sind es vielfach die Frauen, die in der Lyrik hervorgetreten sind.* Ich stelle fest, ich bin die vierte Frau, die zu Ihnen eingeladen wurde. (Übrigens auch der vierte Lyriker in dieser neuen Reihe, insgesamt aber der neunte.) Ich wundere mich fast selbst, daß ich dies aufzähle. Zunächst begann es mit Bachmann und Kaschnitz, so daß Krolow, wie er mir sagte, »der erste Mann nach zwei Frauen«

* »Über die Schwierigkeiten einer Frau, intelligent zu werden«, schrieb kürzlich Hannelore Schlaffer in der FAZ, wobei ausgerechnet dieser Hörsaal 6 als Illustration des Artikels diente.

war. Und letzthin also Christa Wolf und ich, in einigem Abstand.
Verfolgte und Frauen: in den letzten 40 Jahren so vernehmbar. Es ist so, daß das Leid, die Verzweiflung, weit mehr als die Freude zum Ausdruck drängt. (DEIN SCHWEIGEN – MEINE STIMME, ich nenne nur diesen Titel der Kaschnitz.) Dazu sagt Bachmann: »Es kann nicht die Aufgabe des Schriftstellers sein, den Schmerz zu leugnen. Er muß ihn, im Gegenteil, wahrhaben und noch einmal, damit wir sehen können, wahrmachen. Wir sagen sehr einfach, wenn wir in diesen Zustand kommen, den hellen, wehen, in dem der Schmerz fruchtbar wird: ›mir sind die Augen aufgegangen‹.« *
Wir sehen dann hinüber in diese bessere Wirklichkeit, auf deren Möglichkeit zu hoffen der Mensch (die Menschin) nicht aufgibt.
Dabei ist Dichtung grundsätzlich nicht klassen-, rassen-, geschlechtsbedingt, obwohl ein Teil der Erfahrungen, je nach dem gelebten Leben, verschieden ist. Ein Teil aber ist allen gemeinsam. Das Gemeinsame scheint zu überwiegen. Hierin bin ich optimistischer als Christa Wolf. Und wenn Dichtung vor allem Identifikation herbeiführt, so müßte ja, nach einer solchen Theorie, die Lyrikerin nur Frauen, der Lyriker nur

---

* Aus DIE WAHRHEIT IST DEM MENSCHEN ZUMUTBAR. Rede zur Verleihung des Hörspielpreises der Kriegsblinden, 1959. München 1964, S. 294.

Männer ansprechen. Davon kann nicht die Rede sein. Daß Frauen grundsätzlich anders schreiben, das sehe ich nicht. Dennoch: Welche Frau hätte nicht gelegentlich den von Christa Wolf zitierten Stoßseufzer der Droste ausgestoßen: »Wäre ich ein Mann doch mindestens nur / so würde der Himmel mir raten«. Und schrieb nicht die Droste an Levin Schücking 1844: »Geben Sie mir Ihr Ehrenwort, wie Sie es einem Mann geben würden, daß Sie an meinen Gedichten nicht eine Silbe willkürlich ändern wollen«!

Ganz deutlich möchte ich sagen, daß wir, jeder, jede, eine Dosis vom anderen Geschlecht in uns tragen. Und das soll auch medizinisch so sein. Wir sind gemischt, Hermaphroditen. Und das gilt ganz besonders für die kreativen Menschen. Statt »Hermaphrodit« benutzt man jetzt durchweg den Terminus »androgyn«. Auf jeden Fall hat sich die Annäherung der Geschlechter angebahnt, im Sinne meiner Beantwortung des Fragebogens der FAZ. »Welche Eigenschaften schätzen Sie bei einem Mann am meisten?«: »Herz, Kopf und Rückgrat und eine kleine Dosis Frau.«* Und umgekehrt,

---

* Sehr fühlte ich mich hieran erinnert, als ich kürzlich in Georg Hensels Besprechung: ERSTMALS IN DIESEM JAHRHUNDERT GOETHES FAUST II IN LONDON (FAZ, 23.4.88) Auszüge aus der hoch aktuellen Übersetzung von David Mac Donald las. »Das Ewigweibliche« lautet bei ihm: »Woman in all of us« (eine Formulierung, die sicher vor dem letzten Viertel dieses Jahrhunderts kaum denkbar gewesen wäre). FAUST II schließt demnach: »Woman in all of us / shows us our way«. Hensel schlägt als Rückübersetzung vor: »Frau zeigt uns, wo's langgeht«.

bei der Frau: »Herz, Kopf und Rückgrat und eine kleine Dosis Mann«. Ich gehe auf diese Probleme nicht näher ein, die gerade die Französin Elisabeth Badinter ausgezeichnet zusammengefaßt hat (Titel: ICH BIN DU, Piper), eine neue Brüderlichkeit, als seien wir Zwillinge verschiedenen Geschlechts.

Der red-blooded he-man wird sich wohl eher im Fußballstadion als in der Lyrik tummeln. Über Goethes Hormone hat man viel spekuliert. Nehmen wir den Shakespeare der Sonette:

Why didst thou promise such a beauteous day
And make me travel forth without my cloak

(»Warum versprachst du einen so schönen Tag und ließest mich ohne Mantel ausgehen«, ich übersetze, wie es mir gerade kommt, vielleicht ganz unnötig. Englisch ist fast unsere zweite Sprache, heute).

Wer kann sagen, ob das ein Mann oder eine Frau geschrieben hat, wenn wir nur diese beiden Zeilen hören. Obwohl diese Art Liebesklagen bei Männern relativ seltener sein mögen, ja auch bei Frauen, je emanzipierter sie sind, in der zweiten Hälfte dieses Jahrhunderts deutlich abnehmen. Das wäre eine interessante Doktorarbeit. Die größere physische und ökonomische Unabhängigkeit hat einen oft rüden Wechsel des Tons bewirkt. Die Opferbereitschaft bei beiden soll ab-, der Egoismus zugenommen haben (natürlich nur in der sogenannten »1. Welt«), wozu die Statistiken seit 1970 vorgelegt werden. Liebe, so heißt es, verliere die tragische Dimension und trete hinter der Konsumfreude zurück, zumindest sei das die Tendenz. Ich mache hier keine Verlust- und Gewinnrechnung auf, zitiere für diese Abkühlung zwei vielleicht nicht untypische Gedichte.

Du und ich
von Warm nach Kalt
wie schnell das geht
Haut und Gänsehaut.

Nein, es ist nicht von einer Frau, sondern von einem noch relativ jungen Mann. Die folgenden Zeilen stammen von einer recht bekannten Autorin:

Einige Wochen lang schwebte sie
über den Wolken und küßte den Mond.
Erst im Tageslicht wurde ihre Liebe
kleiner und kleiner...
...
Bald
konnte sie ihre Liebe schon
in einer Schublade verschließen.
Eingesperrt zwischen Plunder
geriet sie in Vergessenheit.

Übrigens kommt, selten aber dennoch, neben dem Trend zur Herabpotenzierung der Liebe, auch heute noch äußerste Leidenschaft, auch bei der jüngeren Generation, zu Wort. Leidenschaft, temperiert durch Wortspiel und Selbstironie, wie es ja bei einem intelligenten, die geistige Landschaft richtig einschätzenden

Autor(in) nicht anders sein kann. Da spottet Ulla Hahn (geb. 1946) über sich selbst:

Geübt in allen Formen
der Demokratie habe ich dennoch
sofort und bedingungslos
kapituliert.

Dabei versetzt sie uns doch in den 5. Gesang von Dantes Hölle, zu den schicksalhaft Liebenden, die das Schicksal gegen sich haben: Paolo und Francesca. Wortreicher als diese, auch nicht so blutig endend. Aber absolut im Gefühl:

Selig sind die Wartenden
an ihnen saust der Erdball vorüber
das schärfste Stück Welt
löst ihren Blick nicht
aus der verheißenen Richtung.*

Ob es nun ein Mann oder eine Frau ist, die spricht, ich frage nur nach der Qualität des Gedichts, also, ob das Gesagte dem zu Sagenden, kaum noch zu Sagenden, zum Wort verholfen hat, so daß es weitersagbar ist.
Die Frage: Autor oder Autorin stelle ich mir dabei

---

* UNERHÖRTE NÄHE, 1988.

nicht, habe sie mir auch bei den von mir herausgegebenen Anthologien nicht gestellt. Ich müßte jetzt direkt einmal nachzählen. Anstoß nehme ich allerdings an folgendem und möchte es hier auf den Tisch legen. Ich spreche von der eigenartigen Ghettoisierung, die die Kritik praktiziert. Frauengedichte werden nur an Frauen gemessen. Zumindest meistens. Else Lasker-Schüler ist die große Meßlatte, ihrerseits von einem Mann garantiert. Hinter ihr steht das Wort von Benn »Sie war die größte Dichterin, die Deutschland je hatte« (1947, nach der NS-Zeit gesagt). Verglichen wird sie dann, selbst von Benn, nur mit Frauen: sogar mit Sophie Mereaux, dieser liebenswerten, zu Recht vergessenen Lyrikerin. Da lob ich mir Karl Kraus, der sie Heine vorzog, und Hugo Friedrich, der sich auf die Stilmittel einließ und sie in den Kontext der modernen spanischen und französischen Lyrik stellt, von »Satzellipsen« und der eigentümlichen syntaktischen Mehrdeutigkeit spricht, sie neben Lorca, Quasimodo, Guillén und andere stellt: rein von den Texten her.
Jede Lyrikerin, die seit 1945 hervorgetreten ist, wird sich erinnern, daß der Name Lasker-Schüler fiel: gleichgültig, wieviel oder wie wenig diese Autorin mit ihr zu tun hatte. Frauenlyrik, neuerdings heißt es »weibliche Lyrik«, eine Kategorie für sich? Ich bezweifle das. Ich wende mich hier an alle Zuhörer, Männer wie Frauen, besonders an die Kritiker unter Ihnen: Geistige Ghettos sollten aufgebrochen werden. Das ist ganz einfach. Man braucht nur Sachlichkeit. Sachlichkeit ist eine Vokabel der Freiheit.
»Frühling läßt sein blaues Band / Wieder flattern

durch die Lüfte«, was geht uns an, ob es ein Mann oder eine Frau geschrieben hat. Das beginnt erst zu interessieren, wenn einer über den Autor literarhistorisch arbeiten will. »Ihr Worte auf, mir nach!« Wir wissen es in beiden Fällen, erfühlen können wir es nicht.
Daß das Berufliche bei Frauen meist heikler verläuft, wer will das leugnen? Chancengleichheit ja oder nein, hierüber einige ich mich leicht mit der Autorin der KASSANDRA, wenngleich sie das erfreulichste Gegenbeispiel ist. (Die Woolf, Sartre, die Beauvoir haben sich hierzu ja noch weit heftiger als Christa Wolf ausgesprochen.)
Als ich 1932 die Katastrophe kommen sah, wurde ich übrigens allgemein »Kassandra« gescholten. Weil es allen unbequem war, derartiges glauben zu sollen. Wäre ich ein Junge gewesen, hätte man Schwarzseher gesagt. Laokoon, »Warum nicht Laokoon«, fragte Christa Wolf. Vielleicht, weil man da weniger an seine Weissagungen als an die Gruppe mit den Schlangen denkt, da hört man Lessing sich äußern. Das ist einmal nicht die Frage Mann oder Frau, Schwarzseher, Schwarzseherin. Sicher ist ja auch Kassandra, wäre sie nicht durch Christa Wolf wieder aufs Tapet gekommen, so fern und weit weg wie der von mir als Irritation zitierte doppelgeschlechtliche Teiresias.
Dabei ist Kassandra, so komisch es auf den ersten Moment klingt, durchaus ein Paradebeispiel. Kaum verweigert sie dem göttlichen Mann, Apoll, den Kuß (*baci non dati*, »nicht gegebene Küsse«, schrieb mir einmal eine italienische Autorin), da ist es schon aus mit der

trojanischen Königstochter, da sitzt sie bald im Turm. Der gesellschaftlich-berufliche und der erotische Krieg, das sind eben zwei Kriege mit konträren Spielregeln und werden es vermutlich trotz aller Emanzipation auch bleiben. Ein Thema für »Außenseiter«, um Hans Mayers Begriff aufzugreifen, über das sich Christa Wolf mit Insider-Kenntnis und Präzision ausgesprochen hat.
Im Augenblick ist gewiß ein Mann, Erich Fried, der glücklichste und selbstvergessenste Liebesdichter in deutscher Sprache. Er selber schreibt zu diesem Thema: »Ein Band Liebesgedichte bedarf keiner besonderen Erklärung oder Rechtfertigung, auch wenn – oder gerade weil – neuerdings oft verbreitet wird, es gebe keine Liebesgedichte mehr«.
Ich lese also zum Schluß zwei Liebesgedichte, beide vom Verlust einer erfüllten Liebe her geschrieben: eines von Marie Luise Kaschnitz, aus DEIN SCHWEIGEN – MEINE STIMME (1955), und ein Gedicht aus dem Band LIEBESGEDICHTE von Erich Fried (1979). Der Abstand zum neuesten Trend wird hier sehr deutlich. Dabei ist das Gedicht der Kaschnitz noch ganz ungebrochen, während Fried, über den Verlust des geliebten Menschen hinausgehend, die Liebe als solche in die gefürchtete Apokalypse mit einbezieht.

Marie Luise Kaschnitz

Ihr mögt mich schelten sagt die Liebende
Aber mein Gott war sterblich
Hatte Hunger und Durst wie alle.
Bettete sein Haupt
Vergrub sich in meine Lenden
Wanderte irrte kam wieder
Der schreiende Heiland.
Ihr mögt mich schelten sagt die Liebende
Aber ich wußte was Gnade ist.
Seine Worte verloren ihr Salz nicht
Ein Leben lang
Seine Hände nicht ihre Kraft
Seine Lippen nicht ihre Süße.

Erich Fried

WAS WAR DAS?

Ohne dich sein
ganz ohne dich
und langsam
zu vergessen beginnen
und ganz vergessen
wie es mit dir war
ganz mit dir
und dann halb
halb mit und halb ohne
und ganz zuletzt
ganz ohne

Ganz ohne was?
Was war denn das:
»Mit dir sein?«
Was war das: »Du
du du du du
du und ich?«
Das waren wir
und dieses Wir
was war das?

Die letzten Menschen
reden vielleicht davon
wie es war
als es Gras gab und Tiere
mit denen man lebte
Und dann wird einer fragen:
»Was waren das:
Tiere?«

Wird etwas
übrigbleiben
von mir
und fragen:
»Was war das:
Du?«

III

Autor und Leser als Zwillinge. Das Gedicht, der unverbrauchbare Gebrauchsgegenstand: Zur Schreibpraxis.

GLEICHGEWICHT

Wir gehen
jeder für sich
den schmalen Weg
über den Köpfen der Toten
– fast ohne Angst –
im Takt unsres Herzens,
als seien wir beschützt,
solange die Liebe
nicht aussetzt.

So gehen wir
zwischen Schmetterlingen und Vögeln
in staunendem Gleichgewicht
zu einem Morgen von Baumwipfeln
– grün, gold und blau –
und zu dem Erwachen
der geliebten Augen.

»Haß zu verlernen und Liebe zu lehren«, dazu seien Gedichte da, schreibt Auden. *To unlearn hatred and to teach love.* Womit keineswegs an das Liebesgedicht im engeren Sinne gedacht ist, sondern an die Humanität, die das Gedicht im Leser aktiviert.
»Heute, wo unsere Identität im Rollenverhalten verloren zu gehen droht, wartet man auf ein gutes Gedicht wie ein Patient auf einen Schrittmacher, der dicht am Herzen eingepflanzt wird, damit es weiterschlägt«, schreibt mir eine Chirurgin der Frankfurter Universitätsklinik.
Was bietet also das Gedicht Besonderes an, vor den anderen Künsten: seine zwiespältige und widersprüchliche Natur. So widersprüchlich wie die Wirklichkeit selber. Wenn auch ganz anders. Es ist zugleich Emotion und Ratio. Erregung und Bewußtheit, aufs äußerste geschärfte Bewußtheit. Indem es die Wirklichkeit, und also die Zeit, stillstehen macht und eine eigene Zeit herstellt, entfernt es sich von der Wirklichkeit, aber doch nur scheinbar. Es befreit von allen Zwängen. Es stellt eine neue, lebbarere Wirklichkeit her, die wirklicher ist als die erste.
Manche nennen es den »Traum von der Wirklichkeit«. Ich sehe in ihm die bessere Möglichkeit, die jede Wirklichkeit in sich trägt. Auch die des Schreibenden, ganz wie die des Lesenden, dieser Zwillinge: ihre bessere Möglichkeit. Das hat die Kunst mit der Liebe gemeinsam: beide verändern unser Zeitgefühl.
Zeit ist nur da, wenn Zeit aufgehört hat, um es so paradox zu sagen. Versuchen Sie es mit etwas ganz Banalem. Sie gehen zum Beispiel in ein Museum. Sie haben

nur eine Stunde Zeit. Sie gucken dauernd auf die Uhr. Sie haben nichts von Ihrer Zeit. Alternative: Sie stellen einen kleinen Wecker und vergessen die Zeit. Dann haben Sie sie, bis abgeläutet wird. Am Banalen kann man sich so etwas klarmachen. Wenn ich von der Zeit rede, die aufhört im Gedicht: »Innehalten«, nenne ich es mit Brecht, die »Minute für das Unvorhergesehene«. Minute muß man da nicht genau nehmen, diese Pause, aktive Pause, ist von unbestimmbarer Dauer. Ich nenne sie daher den »Augenblick«. Verweile doch – und er tut es auch: Unwiederbringlich, eingefroren. Auftaubar, und daher doch für den andern »wiederbringlich«, wenn auch nie gleich, nicht einmal für den, der das Gedicht geschrieben hat.
Ich lese hier das Gedicht einer jüngeren Autorin vor, die in diesen Tagen ein Bändchen herausgibt:* Ich sagte ja, ich lese auch Unbekanntes (Sigrid Grabert, geb. 1950).

VOM VERSCHWINDEN DER GEGENWART

Wo las ich es –
daß wir zu schnell
sind. Den Dingen voraus
die nach uns kommen
werden. Zu schnell
für das Jetzt

---

* Inzwischen erschienen: EINSICHTEN AUSSICHTEN, Verlag Junge Literatur, Mainz, 1988. (Das Gedicht, S. 23, von mir um eine Zeile gekürzt.)

Abends bestehen wir
nur noch aus Sätzen
im Perfekt
Was schnell ist ist
auch schnell nicht mehr
        liegt hinter uns
        entfernt sich
        macht sich klein
das Kindsein
Mutter Vater
alles wird unsichtbar
Häuser und Straßen
und Unvergeßlich Genanntes

Langsam möchte ich sein
deutlich und langsam
ein endloser Augenblick
JETZT

Verweile doch. Er verweilt und er verweilt nicht. Das Gedicht ist eine Zeitkonserve.
Dichtung und Liebe haben nicht nur die Besonderheit ihrer Zeit außer der Zeit gemeinsam: beide sind zweckfrei. Dienen keinem »Um zu«, sondern sind um ihrer selbst willen da, wie alles, worauf es in Wahrheit ankommt.
Schreiben – und demnach auch Lesen – setzt dies Innehalten voraus, das Sich-Befreien vom »Funktionieren«. Nur im Innehalten, nur wenn die programmierte und programmierende Zeit stillsteht, kann der Mensch zu sich selber kommen, zu jenem Augenblick

der Selbstbegegnung, der im Gedicht auf ihn wartet. Für diesen Augenblick muß er bereit sein.

Wenn wir betrachten, was an unserer Wirklichkeit das Schlimme ist, so ist es der Verlust des Selbst: die Art, wie wir ausgelöscht werden oder doch in Gefahr sind, ausgelöscht zu werden. Ich rede hier, ausnahmsweise, nicht vom Weltende, nicht von der atomaren Apokalypse, denkbar undenkbar, wie sie für uns Heutige ist. Ich rede von einer subtileren, nicht bevorstehenden, sondern gegenwärtigen Gefahr: der »Verdinglichung«, die man zwar fürchtet, die aber doch keiner auf sich bezieht. Als sei sie ein Schnupfen, den andere bekommen und gegen den man selbst immun ist. Es ist ja auch nicht einfach, an sich selbst zu überprüfen, wie programmiert einer schon ist, wie entpersönlicht. Das kränkt das Selbstgefühl.

Vorläufig halte ich diese Programmierung, die Verwandlung des Menschen in den Apparat, für ein größeres Hemmnis, ein bewußtes Leben zu leben, als die Furcht vor der ökologischen und der atomaren Apokalypse, für die wir aber gerade auch programmiert werden: hinein in passive Hoffnungslosigkeit statt in aktive Wachsamkeit, wie diese Erde noch zu retten sei, wie die Katastrophe aufhaltbar wäre.

Ich glaube auch nicht, daß der Gedanke an das Aufhören der Menschheit, an das Fehlen zukünftiger Hörer, Leser, einen Autor bestimmen könnte oder sollte, nicht mehr zu schreiben. Wer schreibt denn heute, in unserer Wegwerfgesellschaft, für die »Ewigkeit«? Heute, wo zehn oder zwanzig Jahre so viel sind wie früher fünfzig! HALTBAR BIS ENDE 1999, nannte Peter Rühmkorf einen Gedichtband, der im Jahre 1979, zu seinem 50. Geburtstag, erschien: auf dem Umschlag war eine Zigarettenkippe mit verlöschtem oder verlöschendem Stummel, gezeichnet von Horst Janssen.

Zunächst schreibt jeder, weil er schreiben muß. Und, falls ihm für eine Spanne Zeit diese Notwendigkeit abhanden kommt, also die Kreativität, so sollte er nicht den Weltuntergang bemühen. So wenig wie man dieser Perspektive wegen auf Liebe verzichten würde. Und gerade die jungen Leute, denen Weltblindheit ja kaum vorgeworfen werden kann, sind – soweit ich das aus den Zeitschriften und den Zusendungen beurteilen kann – eifrig dabei, dennoch Gedichte zu schreiben. Die ich »Dennoch-Gedichte« nennen möchte.

Rede ich hier von der sogenannten teils verpönten, teils wieder ersehnten »Innerlichkeit«? Gewiß ist der Mensch allein auf der Welt mit seinem Gedicht: dem, das er gerade schreibt, dem, das er gerade liest. Ganz intensiv aber ist die Welt in ihm, soweit er sich mit seinen Erfahrungen auseinandersetzt. Er ist in keinem Abseits (daß es solche Fälle gibt, ist nicht exemplarisch). Ein höchst engagierter zeitgenössischer Kritiker verlangte vor Jahren, der Kritiker müsse allein sein auf der Welt mit seinem Buch. Sie wissen, es war Walter Boehlich. Er wollte sein eigenes Urteil bilden, jenseits des Informationsstroms, mit dem er sich bestimmt im zweiten Durchgang dann auseinandersetzte.

Schreiben – demnach auch Lesen – ist ein Training in Wahrhaftigkeit. Das ist einer der Punkte, in denen ich mit Enzensberger übereinstimme. »Produktionsmittel zur Erkenntnis der Wahrheit«, sagt Enzensberger, während ich ja vorsichtiger von »Wahrhaftigkeit« spreche. »Alle Werke – und das ist der einzige Unterschied von Buch zu Buch – sind jeweils Unterrichtsvorschläge in dem großen Wettbewerb um den wahrheitsgetreuen Text *(le grand concours pour le texte véridique)* innerhalb der zivilisierten oder doch der lesenden Zeitalter« formulierte es der aktive Schulmann Mallarmé. Sein *véridique*, mein *wahrhaftig*, das dürfte das gleiche sein. »Hinhören auf die stimmlose Stimme des Herzens heißt, sich selbst nicht belügen« (ich zitierte Ihnen Konfuzius). Diese Stimme aber hört man nicht, außer im Innehalten, in der »aktiven Pause«, denn es ist eine aktive Pause, keine leere, in der der Mensch, sobald er wirklich er selbst ist, zugleich aber auch am selbstvergessensten ist. Wollen und Funktionieren haben aufgehört. Ein Augenblick der Katharsis, der Reinigung, der aber kein Augenblick des Handelns ist. Sondern nur eine Festigung des Menschen, der dann der Wirklichkeit anders gegenübertreten wird.

Um seine Erfahrung zu formulieren, dazu braucht der Schreibende Mut. Das ist kein Programm von außen. Es ist, wie auch das Handwerkliche, ein Geheimbefehl, den er sich selbst gibt. Der Mut, den er braucht, ist dreierlei Mut: der Mut zum Sagen, der der Mut ist, er selbst zu sein, der Mut zur eigenen Identität. Der Mut zum *Benennen*, der der Mut ist, die Erfahrung wahrhaftig zu benennen, ihr Zeuge zu sein: das heißt, nichts weg- oder umzulügen, was ja opportun sein könnte. Der dritte Mut ist der, an die Anrufbarkeit der andern zu glauben. Denn wenn er auch nicht »für andere« im strikten Sinne schreibt, überhaupt nicht »um zu«, so müßte er doch verstummen, wäre nicht in ihm der Glaube an den Menschen, ohne den kein Wort geschrieben werden könnte. Noch im negativsten Gedicht ist dieser Glaube, daß das Wort ein Du erreicht. Dichtung setzt die Kommunikation voraus, die sie stiftet.

Dichtung ist für jeden da, sie erneuert sich mit jedem Leser. Die Erfahrung, die die Leser hineinlesen, wird vom nächsten Leser, sogar der nächsten Generation, oft mitgelesen. Auch die Erfahrung der sich verändernden Wirklichkeit wird – insofern Dichtung nur das Modell, den Kern der Erfahrung wiedergibt – einfach hinzu assoziiert. Deswegen wandelt sich ein lebendiges Gedicht und wird immer neu und anders, sogar für den Autor, der es anders lesen kann als am Tag, da er es schrieb. (Gedichte können eine Zeitlang stilliegen. Plötzlich stehen sie auf und greifen in das Leben ein, beispielhaft.) Wie könnten wir sonst die Gedichte ferner Zeiten und ferner Länder lesen.

»Im Dichter kommt die Menschheit zur Besinnung und zur Sprache« sagt Jean Paul. »Darum weckt er sie wieder leicht in andern auf.« »Die ganze Weltgeschichte«, sagte Benn, »die ganze Menschheit zehrt von einigen Selbstbegegnungen.«

Der Lyriker selbst ist kein Beispiel, er macht nur im Einzelfall das Beispielhafte sichtbar, sein Muster, seine innere Notwendigkeit. Seine Selbstbegegnung ist – und das gilt für alle darauf folgenden Selbstbegegnungen – zugleich einmalig und Modell von Begegnung überhaupt: mit den andern, mit der Wirklichkeit.

Wenn man zu schreiben beginnt, weiß man das nicht. Wie ich schon gesagt habe, ist es ein großer Trost, wenn man erfährt, daß die Gedichte von andern angeeignet werden und ihnen mehr gehören als dem Autor. Ganz unbewußt ist man zum Sprecher nicht nur für sich selbst, sondern für Unbekannte geworden, die man trifft oder auch nicht trifft, die einem manchmal schreiben, sofort oder nach Jahren. Die Angst vor der eigenen Unbescheidenheit, die Scham, die man hat, wenn Fremde von einem Gedicht sprechen und den Autor vielleicht loben, die verliert sich dann. Wir sind alle so gleich wie unsere Fingerspitzen, und so verschieden. Keine zwei Menschen lesen einen Text genau gleich. Jedem fällt die eigene Erfahrung dazu ein. Das Gedicht ändert sich, wenn es sich mit dem Ich des Lesers füllt. Denn es ist ja die Essenz einer Erfahrung, immer neu und anders gegenwärtig gemacht. Dabei bekommt die eigene Erfahrung des Lesers etwas von der Farbe des Gedichts, wird stärker, bunter, anders als er es, ohne diese Formulierung, vielleicht je erfahren hätte.

Deswegen bleiben Gedichte so lebendig. Sie bleiben *news*, wie Ezra Pound sagt. *News* heißt Neuigkeit oder auch Nachricht. Während die anderen *news* nur kurz *news* sind und dann absinken ins Gewußte, ins Gestern. Das Gedicht aber ist immer Jetzt. Soweit es überhaupt ist.

Vielleicht möchte ich Ihnen hier an einem ganz einfachen Beispiel vorführen, wie das vor sich gehen kann. 1986 hatte ich vor einem Kreis von Abiturienten gelesen. Ein halbes Jahr später schrieb mir eine der Beteiligten, sie wolle mir berichten, was sie mit dem Gedicht UNAUFHALTSAM erlebt habe. Fast ohne Absicht habe sie ihre Mutter schwer gekränkt, war dann ganz hilflos, als sie fühlte, wie tief sie sie verletzt hatte. Da fiel ihr UNAUFHALTSAM ein. »Ich las es noch einmal und hatte bei jedem Wort das Gefühl, es sei für mich geschrieben.« In der Schule schon habe sie das Gedicht sehr gut gefunden. »Aber die eigentliche Bedeutung erfaßte ich erst gestern richtig, als es mich vom Gefühl her so direkt traf – ich hatte, zum bisher ersten Mal, glaube ich, die Erfahrung gemacht, wie vernichtend Worte sein können und daß niemand sie zurückholen kann. Ich war verzweifelt und ohnmächtig, fühlte mich gefangen in den Wörtern, die ich so unachtsam ausgesprochen hatte. Etwas später jedoch forderte mich der Schluß des Gedichts zum Widerspruch heraus:

Am Ende ist das Wort,
immer
am Ende
das Wort.

Ich konnte den Gedanken nicht ertragen, meiner Mutter eine so unheilbare Wunde zugefügt zu haben.« Sie schrieb ihr also das Gedicht ab und gab es ihr am Abend. Darunter: »Ich finde, der Schluß darf so nicht stehen bleiben.« Dem folgte dann eine Aussprache zwischen Mutter und Tochter, und alles war »fast wieder gut«. Besonders am Morgen war es besser. Die Schreiberin gelobt sich dann, möglichst nie mehr einen Menschen mit dem unaufhaltsamen »schwarzen Wort« zu verletzen. Und schließlich findet sie einen neuen Schluß für das Gedicht: »So ist dies Gedicht für mich wirklich zum *magischen Gebrauchsartikel* geworden, wie Sie es in WOZU LYRIK HEUTE nennen«, endet der Brief der Abiturientin. – Ich lese Ihnen das Gedicht erst vor, ehe ich Ihnen die Weiterdichtung – besser: Umdichtung – der Schreiberin mitteile. Solche Umdichtung, wie sie z. B. auch meinem Köln-Gedicht widerfuhr, ist gewöhnlich bestimmt, den Leser oder sogar den Autor zu trösten.

UNAUFHALTSAM

Das eigene Wort,
wer holt es zurück,
das lebendige
eben noch ungesprochene
Wort?

Wo das Wort vorbeifliegt
verdorren die Gräser,
werden die Blätter gelb,
fällt Schnee.
Ein Vogel käme dir wieder.
Nicht dein Wort,
das eben noch ungesagte,
in deinen Mund.
Du schickst andere Worte
hinterdrein,
Worte mit bunten, weichen Federn.
Das Wort ist schneller,
das schwarze Wort.
Es kommt immer an,
es hört nicht auf, an-
zukommen.

Besser ein Messer als ein Wort.
Ein Messer kann stumpf sein.
Ein Messer trifft oft
am Herzen vorbei.
Nicht das Wort.

Am Ende ist das Wort,
immer
am Ende
das Wort.

Die Schreiberin mildert dies Verdikt, den von mir mißbrauchten Naturmetaphern ihre Natürlichkeit zurückgebend:

Zeit
braucht sie,
die Wunde;
Zeit und Zärtlichkeit, um zu
heilen.
Das verdorrte Gras braucht
Zeit
und die behutsame Hand des Gärtners.
Auch die Bäume werden
erst im Frühling wieder grün.
Doch dann
– erst zögernd zwar –
schmilzt der Schnee
unaufhaltsam.

In diesem Falle hat das Wort das Herz nur gestreift. Es war – nur – ein Lehrbeispiel zum Thema Wort. Ich möchte gleich hinzufügen, daß ich dies Gedicht nie in Gefängnissen lese. Wie kann ich ein Messer, dessentwegen die Häftlinge vielleicht »einsitzen«, als kleineres Übel bezeichnen.

Ich selber erinnere mich nicht an den Anlaß des vor fast 30 Jahren geschriebenen Gedichts. Wohl erinnere ich mich an den Schrecken, den ich empfand, als nach einer Lesung in Bremen, lange her, ein kleiner Junge, vielleicht nicht einmal zehnjährig, beim Signieren zu seiner Mutter sagte: »Das mit dem schwarzen Wort, das soll sie in das Buch schreiben.« (Dieser Sohn hat sich, durch Zufall hörte ich es, längst von seiner Familie getrennt.) Auch in den Kummer eines sicher falsch benoteten Schulaufsatzes wurde ich durch dies Gedicht hineingezogen und versuchte, der Schülerin vorsichtig beizustehen. Die Lehrerin wollte das Gedicht rein als Aussage über die Bewegung des Wortes verstanden wissen. War die Lehrerin nur aufs Ästhetische ansprechbar? Durfte ein Gedicht nichts als Formulierung sein? War sie nur aufs Linguistische aus? Zwischen beiden wäre das Gedicht in gleicher Weise ins Leere gefallen. Die Ästhetikerin also las meinen behutsam abgefaßten Brief der Klasse vor und sagte: »Autoren verstehen nichts von ihren eigenen Gedichten.« Aber dann setzte sie die Note doch etwas herauf.

Ich schließe an das Wort *Gebrauchsartikel* an, das ich mit Brecht und auch mit Enzensberger teile. Enzensberger legte seinem Gedichtband LANDESSPRACHE eine »Gebrauchsanweisung für unerschrockene Leser« bei, darin Brechts HAUSPOSTILLE mit ihrer »Anleitung zum Gebrauch der einzelnen Lektionen« folgend. Auch moderne Amerikaner bezeichnen das Gedicht als *Gebrauchsartikel.* Ich habe diesen Begriff ein wenig umformuliert. Das Gedicht bezeichne ich als Gebrauchsartikel eigener Art. Es wird gebraucht, aber es verbraucht sich nicht wie normale Gebrauchsartikel, bei denen jedes Benutzen ein *Abnutzen* mit sich bringt. Im Gegenteil, es ist eines jener Dinge, schrieb ich, die wie der Körper der Liebenden in der Nichtbewahrung recht eigentlich gedeihen... Neu gestaltete Erfahrungen, verfügbar werdende Assoziationen wachsen ihm ständig zu und vermehren, vertiefen, erweitern es, je nach der Notwendigkeit seiner Gebraucher. Es ist daher ein magischer Gebrauchsartikel, etwa wie ein Schuh, der sich jedem Fuß anpaßt, der ohne ihn den Weg ins Ungangbare nicht gehen könnte: den Weg zu jenen Augenblicken, in denen der Mensch wirklich identisch ist mit sich selbst. Etwas, was er im täglichen Leben eben nicht ist. In diesem Sinne bezeichne ich dann Dichtung als ein *Sesam öffne dich.*

Hierzu zitiere ich noch einmal Jean Paul, einen Lieblingsautor von mir. Er sagte unter der Überschrift GEBRAUCH DES WUNDERBAREN (VORSCHULE DER ÄSTHETIK, I. PROGRAMM, ÜBER POESIE ÜBERHAUPT, § 5):

> Wenn der Nihilist das Besondere in das Allgemeine durchsichtig zerlässet – und der Materialist das Allgemeine in das Besondere versteinert und verknöchert –: so muß die lebendige Poesie eine solche Vereinigung beider verstehen

und erreichen, daß jedes Individuum sich in ihr wiederfindet, und folglich, da Individuen sich einander ausschließen, jedes nur sein Besonderes in einem Allgemeinen, kurz, daß sie dem Monde ähnlich wird, welcher nachts dem einen Wanderer im Walde von Gipfel zu Gipfel nachfolgt, zu gleicher Zeit auch einem andern von Welle zu Welle, und so jedem, indes er bloß seinen großen Bogen-Gang am Himmel zieht, aber doch am Ende wirklich um die Erde und um die Wanderer auch.

Wie macht man es nun, daß das Gedicht möglichst tauglich dafür wird? Es soll exemplarisch sein: musterhaft. Also soll es so weit wie möglich sich entfernen von jeder Ausmalung eines Details, wie es Brief und Tagebuch tun. Es soll nur den Kern der Erfahrung wiedergeben, ohne jedoch vage zu werden. »Er war ein Dichter und haßte das Ungefähre«, sagte Rilke von sich. Während man ja oft hört, Dichtung sei etwas Vages und Ungenaues. Die besondere Art Genauigkeit, die die der Dichtung ist, habe ich *unspezifische Genauigkeit* genannt. Ein Begriff, den die Germanistik angenommen und völlig adoptiert hat, ohne daß man noch weiß, woher er kommt.
Ich habe also gefragt, was es ist, das das Wort lebendig hält, *news* mit Ezra Pound, *magisches Wort* mit Mallarmé. Das letztlich Unerklärbare, das Dichtung eignet und das noch die rationalsten Poeten zugeben. Nicht nur ein ekstatischer Autor wie Nelly Sachs, noch ein Skeptiker wie Enzensberger. Das X, das in jedem

dichterischen Arbeitsprozeß steckt. Diese Frage habe ich so beantwortet: Es ist die *Reserve an Ungesagtem*, die in jedem Gedicht ist, die immer – aber immer anders – mitgehört wird.* Dies macht die eigentliche Lebensfähigkeit des Gedichts aus. Diese Reserve nimmt zu, je mehr der Lyriker abzielt auf das, was ich die *unspezifische Genauigkeit* nenne (im Gegensatz zur spezifischen Genauigkeit des Wissenschaftlers).

Der Lyriker will nicht, wie der Wissenschaftler, die Welt beherrschen oder *wegordnen*. Nichts wäre ihm ärger, als sie aufzuspießen. Vielleicht ließe sich sagen, daß er auf der Innenseite der Wirklichkeit ist, sozusagen als Teil auf das Ganze Jagd macht. Sein Benennen gibt den Dingen einen Atem, den ihnen das Leben gerade versagt. Mehr Atem als der Einzelfall haben kann. Die *unspezifische Genauigkeit* sucht im Sonderfall den Kern, den exakten, haarscharf zu treffenden Punkt, um den multiforme Einzelfälle anzuschießen geeignet sind.

Das Periphere, also das Einmalige und Zufällige des Falls, ist nur mitgewußt. Gezielt wird auf das Zentrum. Lyrik lebt daher vom Vergessen wie Prosa vom Erinnern lebt. Sie lebt von der Essenz statt vom Detail.

---

* Der neuerliche Vorschlag, das Gedicht müsse eine »Lücke« oder »Leerstelle« haben, die dem Leser Einlaß gewähre (ein Terminus aus der Computersprache), ist hier nicht gemeint. Das Gedicht ist sozusagen porös und an jeder Stelle für den Leser offen, der sich in dem Erfahrungsmuster wiedererkennt. Die *unspezifische Genauigkeit* ermöglicht dies, durch das Weglassen alles rein Zufälligen, Nicht-Exemplarischen, ohne daß etwas wie eine »Lücke« oder ein Portal entstünde.

das Nichtwort

ausgespannt
zwischen

Wort und Wort.

Eine Tugend machen aus der Unvollendbarkeit des Worts, ihm sein angeborenes *Nichtwort*, seine unbeleuchtete Seite bewußt zugestehen: nicht auspacken, nicht aufzählen, was das Wort bereits deckt – das gibt dem Gedicht *Virulenz*. Man könnte sagen, daß wir uns auf diese Weise einem archaischen Zustand nähern, wo Ja und Nein, Wort und Gegenwort noch nicht geschieden sind.

Meine erste Belehrung in dieser Richtung, aus der ich diese ganze Erkenntnisreihe und die daraus folgende Arbeitsweise abgeleitet oder doch bewußt gemacht habe, stammt aus Gesprächen mit einem Japanologen, der die Verwandtschaft meiner Gedichte mit japanischen erkannte und während einer Grippe, die ich in Hamburg hatte, täglich mit einem Köfferchen japanischer Lyrik, Dramen, Theorie sich an mein Bett setzte. (Die Japaner sehen ja in jedem Wort seine unbeleuchtete Seite mit wie die im Augenblick unsichtbare Seite des Monds.)

Die scheinbare Einfachheit, die gute Gedichte haben können und die bewirkt, daß sie auf vielen Ebenen gelesen werden, ist nicht die erste, sondern die *zweite*

Einfachheit, die von einer bewußten Schreibdisziplin kommt.

Die *unspezifische Genauigkeit* ist nämlich durchaus nichts »Vages«. Wenn man einmal erkannt hat, was ihre Eigenschaften sind, so lassen sich aus ihr Arbeitsprinzipien herleiten. Arbeitsprinzipien: das heißt nicht, daß sie zu erzwingen seien, oder daß durch sie ein Gedicht sich erzwingen ließe. Sondern, daß der Autor sich einer gewissen Selbstkritik bedient, um das Ziel zu erreichen: die Formulierung des Erfahrungskerns, in dem mitschwingt, an den sich angliedern kann, was die jeweilige, auch künftige, Zufälligkeit mitbringt.

Der Prozeß des Schreibens ist ein schizoider. Der Autor teilt sich in einen Heißen und einen Kalten: in den Anlieferer, dessen Erregung die Worte bringt, und in den Kontrolleur, den strikten Handwerker, der die Worte durchläßt oder streicht. Wenn er Praxis hat, streicht er schon im Prozeß der Formulierung. Das überflüssige Wort kommt gar nicht aufs Papier. Wenn er in einem früheren Stadium ist, streicht er eben beim Abschreiben. Und nach Jahren noch kann es einem Autor geschehen, daß er streicht. Und nur das kann ein Autor einem Anfänger beibringen: das Wort nicht auszuwickeln, auszupacken, sondern in ihm zu lassen, was das Wort alles enthält. Der *Koffer des Wortes*, schreibe ich manchmal. Zum Beispiel: nie sollte man laufen sagen, wo gehen genügt. Nie sollte man ein Adjektiv oder ein Adverb benutzen, wenn es entbehrlich ist. Dagegen gibt es Adjektive, die notwendig sind. All das hängt vom Können, vom Sprach- und Ausdruckswillen des jeweiligen Schreibers und der Erfahrung ab, die er formulieren will. Beim Schreiben sollte er auf nichts weiter achten, denke ich, als daß Wort und Erfahrung sich genau entsprechen. Im Sprachlichen ist er Zeuge, nur der Wahrhaftigkeit verpflichtet. Ob er ein »langes« oder ein »kurzes« Gedicht schreibt, weil das eine oder das andere gerade mehr gefragt ist, das wäre eine Außensteuerung, die der Natur des Gedichts zuwider ist: seiner Freiheit innerhalb der ihm eigenen Gesetzmäßigkeit. Aus dieser ergibt sich dann der Stil des Autors.

(Verzeihen Sie, wenn ich mich nicht aufhalte damit, Autor und Autorin zu sagen, es versteht sich von selbst. Ich sagte ja schon, daß in Teilgebieten das Erfahrungspotential anders geprägt sein kann. Die Arbeitsprinzipien aber sind davon unabhängig.)

Jede Entscheidung für ein Wort ist zugleich für und gegen. Diese Entscheidung ist eine automatische und doch eine gewußte. »Der Widerspruch ist der Vater, die Nachahmung die Mutter des Schöpferischen«, definierte es Benjamin. »Das Schöpferische – dem tiefsten Wesen nach Variante.« Daher gibt es kein Wort und kein Bild, das nicht *neu* gemacht werden kann. Man hört das bereits Gesagte mit, an dem und gegen das man sich orientiert – wobei heute der Widerspruch Stimmführer ist, in diesem Parallelogramm der Kräfte.

Hierüber hat sich die Kaschnitz ausgesprochen, etwa zur Zeit ihrer Poetikdozentur:

Titel

Ein Gedicht, aus Worten gemacht,
...
Es zu kämmen gegen den Strich,
Es zu paaren widernatürlich,
Es nackt zu scheren,
In Lauge zu waschen
Mein Wort...

Mit seinesgleichen
Mit seinesungleichen

Zeile für Zeile,
Meine eigene Wüste
Zeile für Zeile
Mein Paradies.

M. L. Kaschnitz

Unser Weg, wie der der Dichter aller Zeiten, führt über den schmalen Grat zwischen dem Ausgesprochenen und dem Ungesagt-Unsagbaren. Die Gefahr, sich im bereits Gesagten und Wieder-Gesagten zu annullieren, ist eine Scheingefahr. Entweder der Lyriker hat die Kraft der Einmaligkeit, die den unverwechselbaren Ausdruck verlangt, die eigene Stimme, oder es gibt ihn nicht.

Von den drei unabdingbaren Komponenten ist es die *Einmaligkeit*, die über die schöpferische Begabung entscheidet. Musterhaftigkeit und Wahrhaftigkeit (also die genaue, im Augenblick der Formulierung wahrheitsgemäße Wahl des notwendigen Worts und Bilds) würden nur Muster, nur Schemata der Wirklichkeit erbringen, Erkenntnis*modelle*.

Das Spannungsfeld eröffnet sich erst und spannt sich in dem Feld des Widerspruchs zwischen dem Einmaligen und seiner Musterhaftigkeit. Die Einmaligkeit ist das Blut, das diese Schemen trinken, ihre Dreidimensionalität, ihr Leben. Es handelt sich also um die Kraft, die Widersprüche zu verbinden: Intelligenz, die das Muster erkennt – Emotion, Erregung, die die Einmaligkeit der konkreten Erfahrung erleidet. Um nur einen dieser Widersprüche namhaft zu machen: Naivität, das Staunen, das sich nicht eingewöhnt und keine Zusammenhänge sieht, dem alles fremd und neu ist. Und äußerste Bewußtheit, die es gleichzeitig einordnet in alle nur möglichen Kontexte. Gewissenhaftigkeit, die doch das Gegengewicht ihrer Wahrheit spürt.

Je mehr die Bewußtheit über das Staunen siegt, umso unlebendiger wird das Gedicht. Wie umgekehrt seine Kraft mit der Stärke der Zusammenbiegung starker Widersprüche zunimmt. Aus dem Gesagten ergibt sich, daß das Gedicht sozusagen von selbst in die Schwebe gerät, vibrierend zwischen seinen Gegensätzen. Und daß es voller Vieldeutigkeiten und Paradoxe sein muß, wenn es heute *wahr* sein will.

Zwei Fragen bleiben mir noch, zumindest. Die über das Verhältnis von *Innerlichkeit* und Engagement, die ich vorhin schon berührte. Und die Frage der Wirkung des Gedichts, wenn es nur punktuell, augenblicksweise, erfahren wird und nur auf Augenblicke den Menschen zu seinem besseren Selbst bringt: dem Selbst, das frei ist von den gesellschaftlichen Kompromissen.

Zur Frage des Engagements: Das Gedicht, das den Menschen auf seine bessere Möglichkeit, auf das Überschreiten seiner Grenze anspricht, ist von sich her engagiert: sofern der, der schreibt, ein Zeitgenosse ist, was ja im Wahrnehmen und Erleiden der Paradoxe ohne weiteres gegeben ist. Das heißt, soweit er sich nicht selber in ein Abseits flüchtet. Oder zur Marionette wird, zum Roboter. Hier kommen wir an das Problem der möglichen Selbstabschaffung des Menschen, das zugleich das der Selbstabschaffung der Kunst wäre. Es ist das gleiche Wasser, das dem Menschen und der Kunst am Halse steht.
Ich zitiere hierzu Celan: »Wir leben unter finsteren Himmeln und – es gibt wenig Menschen. Darum gibt es wohl auch so wenig Gedichte« (Brief an Hans Bender, 1960, abgedruckt in MEIN GEDICHT IST MEIN MESSER). In WOZU LYRIK HEUTE stelle ich, noch pessimistischer, fest, daß »die Halb- und Dreiviertelstoten, zumindest in den hochzivilisierten Ländern, schon die Mehrheit sind. Der ›Halbtote‹* ist der programmgerecht funktionierende Mensch, der nur noch auf Störung seines Konsums reagiert.«

...diese Menschenattrappen
diese feindlichen
Nicht-Brüder

schreibe ich in einem neueren Gedicht.

---

* Übrigens sind die »Halbtoten« eine Definition von Herbert Marcuse.

Geh hin umarme
einen Baum
geh hin
umarme einen Baum
geh hin umarme einen Baum
er weint mit dir

Nietzsche umarmte das Pferd
auf einem Platz voller Menschen
einem menschenleeren

Das war noch ein Unterschied
es gab Pferde
heute denken wir
daß es auch Menschen gab
morgen denken andere
daß wir noch Glück hatten
mit diesen Menschenattrappen
mit diesen feindlichen
Nicht-Brüdern

Sehr lebhaft erinnere ich mich an eine Diskussion über poetisches Engagement in Budapest, bei der Petöfi-Feier, 1973. Nie zuvor war ich zu einer Tagung im Ostblock gewesen. Aus der Bundesrepublik waren wir nur zwei, Enzensberger und ich, Härtling hatte in letzter Minute absagen müssen. Die DDR-Delegation war weit größer. Hermlin, Paul Wiens, Morgner, auch Kunze (dieser auf besondere Einladung der ungarischen Schriftsteller), um nur einige zu nennen. Am letzten Abend fand in einem kleinen Theater eine Podiumsdiskussion statt: auf dem Podium die führenden Autoren der Ostblockländer. Die, die sprachen, verlangten allesamt, die Poesie müsse die Welt verändern. Ich saß ziemlich weit vorne, ich ließ mir von Garay Gábor, dem Leiter des Schriftstellerverbands, das Mikrophon geben. Ich wäre schon zufrieden, sagte ich, wenn ich einen Menschen verändern könne, und dann vielleicht noch einen und noch einen. Diese würden dann dazu beitragen, die Welt zu verändern, was ich dem Gedicht im Ernst nicht zutraue. Aber selbst Gott habe ja um eines Gerechten willen Sodom und Gomorrha verschonen wollen. Diese Sendung war *live*, während in den Vormittagssitzungen die Sprecher ihre Beiträge vorher einreichen mußten, so daß keine Überraschungen zu befürchten waren. Meine Sorge, mit diesem unorthodoxen Widerspruch meinen Gastgebern geschadet zu haben, die ja doch auch zugleich meine Übersetzer waren, erwies sich glücklicherweise als unnötig.

Was ich mir unter der Veränderung des einzelnen vorstelle: etwas wie (die Reaktion eines Medizinstudenten): »Ich habe jetzt nicht nur verstanden, sondern gefühlt, daß das Leben IMMER Einsatz, Willen, Liebe und Zivilcourage beinhalten muß! ... Ich werde alles tun, um niemals mehr *Graue Zeiten* aufkommen zu lassen.« Ich lese Ihnen GRAUE ZEITEN vor:

GRAUE ZEITEN

Es muß aufgehoben werden
als komme es aus grauen Zeiten

Menschen wie wir wir unter ihnen
fuhren auf Schiffen hin und her
und konnten nirgends landen

Menschen wie wir wir unter ihnen
durften nicht bleiben
und konnten nicht gehen

Menschen wie wir wir unter ihnen
grüßten unsere Freunde nicht
und wurden nicht gegrüßt

Menschen wie wir wir unter ihnen
standen an fremden Küsten
um Verzeihung bittend daß es uns gab

Menschen wie wir wir unter ihnen
wurden bewahrt

Menschen wie wir wir unter ihnen
Menschen wie ihr ihr unter ihnen
jeder

kann ausgezogen werden
und nackt gemacht
die nackten Menschenpuppen

nackter als Tierleiber
unter den Kleidern
der Leib der Opfer

Ausgezogen
die noch morgens die Schalen um sich haben
weiße Körper

Glück hatte wer nur
gestoßen wurde
von Pol zu Pol

Die grauen Zeiten
Montag viel Dienstag nichts
zwischen

uns und den grauen Zeiten

Daß man bei diesem Gedicht heute weniger an die Flüchtlinge der NS-Zeit denkt, es vielmehr auf die unglücklichen vietnamesischen *boat people* bezieht, die ja auch in diesem Augenblick weiter herumfahren, auch wenn sie für unsere Bildschirme keine *news* mehr sind (keine *neue* Nachricht), das zeigt, wie die Aktualität sich unter einen solchen Text schiebt und ihn virulent macht: leider wohl für den Rest unseres Jahrhunderts.

IV

Zur Lesepraxis. – Erfahrungen mit den *Doppelinterpretationen*. – Das *Dennoch* als Aufruf gegen Programmierbarkeit.

WORTE

Worte sind reife Granatäpfel,
sie fallen zur Erde
und öffnen sich.
Es wird alles Innre nach außen gekehrt,
die Frucht stellt ihr Geheimnis bloß
und zeigt ihren Samen,
ein neues Geheimnis.

Heute wollen wir über das Interpretieren sprechen, also über das Lesen des Gedichts im engeren Sinne. Was das Interpretieren angeht, so ist es für den Leser zwar wichtig, aber keineswegs die Hauptsache. Wir reden hier vom interpretierenden Lesen, das normalerweise dem vollziehenden Lesen folgen wird: in den Fällen, in denen der Leser sich Rechenschaft darüber geben will, was ihn erregt hat. Das werden ja immer nur gezählte Leser wollen. Falls einer mit dem Interpretieren beginnen wollte, so muß das Gedicht danach vollzogen und angeeignet werden. Ein Gedicht ist auf keinen Fall nur Gegenstand geistiger Gymnastik.

Nach dem Interpretieren wird der Leser das Gedicht neu lesen und das Gewußte – als Gewußtes - quasi vergessen und mitlesen. Durch seine Interpretation wird der Leser näher an das Gedicht herangeführt.
Es ist ja keineswegs selbstverständlich, daß jeder »lesen« kann. »Lesen« muß man lernen. Wie zum Beispiel Autofahren (und alles, was man können will). Nicht jeder, der Autofahren lernt, wird danach in der Lage sein, ein neues oder besseres Auto zu erfinden. Die Frage stellt sich ihm gar nicht. Ebensowenig sollte der Leser sich fragen, ob er nun selber Gedichte schreiben kann. Vielmehr sollte das Gedicht, das ihn anspricht, über das er etwas erfahren hat und mit dem er sich beschäftigt, ihm die Freude öffnen, die Lesen gibt. Denn das Gedicht gehört dem Leser, für den Autor hat es seine Schuldigkeit getan. Und immer wird der Leser sich selber mitlesen in dem Gedicht, das er liest. Er kann gar nicht anders. Insofern gibt es keine absolute Interpretation.
Zur Frage, ob das Gedicht etwas »Demokratisches« ist und ob jeder ohne weiteres Gedichte schreiben können müßte, sagt Heinrich Heine: »Vielfach hörten wir die Behauptung: Der echte Demokrat schreibt wie das Volk, herzlich, schlicht und schlecht... Aber nicht jedem ist es gegeben, schlecht zu schreiben... und da hieß es gleich: Der ist elitär,* ein Liebhaber der Form, ein Freund der Kunst, ein Feind des Volks«. Bei den

---

* Heine sagt an dieser Stelle »Aristokrat«.

Nazis hieß das: »Schreiben, daß es jeder SA-Mann versteht.«
Die Tatsache, daß das Gedicht dem Leser gehört, der in die gleiche Grundsituation gerät, in der der Autor war, als er es schrieb (nur die Grundsituation ist gleich, jede Situation ist anders), die ist das Allgemeine und, wenn man so will, das »Demokratische« an dem Gedicht. Daß der Autor in einer so privilegierten Situation gewesen wäre, daß nur eine kleine, sozial bestimmte Schicht der Leser sich in seinem Erfahrungsmodell wiedererkennen könnte, das wird immer seltener werden, kommt in diesem letzten halben Jahrhundert fast gar nicht mehr vor.
Es ist ein Glück, daß die Begabungen so verschieden sind. »Nicht jedem ist es gegeben, schlecht zu schreiben«, sagte Heine. Wozu sollten wir die Arbeitsteilung rückgängig machen? Das wäre eine romantische und reaktionäre Form von Demokratisierung.
Ich selber habe weder die Gabe zu komponieren noch Tennisweltmeisterin zu werden. Ich bin dankbar, daß ich die Gabe habe, mit der Sprache etwas tun zu können. Niemand ist ganz ohne Gabe. Erst bekommt man eine Gabe sozusagen als Geschenk mit. Dann muß dies Geschenk erarbeitet werden. Gratis ist gar nichts, auch die schönste Gabe nicht. Ich gehe also zurück zu dem, was Autor und Leser verbindet:
Ganz wie der Autor etwas Zwiefaches tut, wenn er schreibt, so auch der Leser: indem er kritisch ist und zugleich, wie Gadamer sagt, »den Wahrheitsanspruch des Gedichtes ernst nimmt«. Dabei ist wieder ein Unterschied zwischen dem Lesen und dem Hören eines

Gedichts. Die Zeilen führen den Atem des Lesers, sind Atem-Einheiten. Zugleich aber auch optische Einheiten. Dadurch entsteht ein Spannungsverhältnis zwischen Erregung auf der einen Seite und Ratio auf der andern.

Das Gedicht lebt in der zuckenden Gegensätzlichkeit seiner Widersprüche. Das Gedicht ist, wie der Mensch selbst, eine »wandelnde Vereinigung des Unvereinbaren«, ein Spannungsfeld seiner Möglichkeiten. Entweder/oder: diese Alternative gibt es nicht. Das Gedicht ist immer dazwischen.

Wenn also ein Gedicht vorgelesen wird, so interpretiert die Stimme den Text. Die Atemführung teilt ihren Vollzug mit. Soweit dies Gedicht den Zuhörer überhaupt bewegt, wird er auf dem Vollzug der Stimme mitreisen. Ganz wird er sich das Gedicht nur zu eigen machen, wenn er es auch optisch wahrnimmt. Dann kann er sich von der mitgeteilten Erregung distanzieren. Das oszillierende Nähe/Ferne-Verhältnis ist ja eine der Hauptsachen beim Gedicht: Wie kämen sonst Ratio und Erregung zusammen? Wenn ich in Schulen gehe, lasse ich deswegen die Gedichte, über die ich mit den Schülern sprechen will, immer photokopieren, damit das Auge das Ohr ergänzen kann. Ich diskutiere nur die Worte: Warum stehen diese Worte da? Der Schreibende hat hinter oder in dem Gedicht zu verschwinden. Die einzige Feststellung zur Arbeitsweise, die erlaubt ist: Auf Gedichte muß der Autor warten können. Er schreibt nicht in der ersten Erregung. Vieles kommt zusammen, damit sich das Gedicht präsentiert. Ich sage es denjenigen unter Ihnen, die ihrerseits schreiben: Ehe die verschiedenen Einzelerfahrungen plötzlich zusammenschießen, wie von einem Magnet angezogen, ist das Gedicht nicht spruch- und nicht schreibreif. Hierüber sprachen sich in der ersten Anthologie, die solche Selbsterklärungen verlangte (MEIN GEDICHT IST MEIN MESSER), fast alle Lyriker einmütig aus.

Wenn wir über das Interpretieren von Gedichten reden, so möchte ich doch zuerst eine merkwürdige und mir unvergeßliche Erfahrung mitteilen, die ich bei der Redaktion der DOPPELINTERPRETATIONEN machte. Dort sind ja die Leseergebnisse von Autor und Leser jeweils gegenübergestellt. Untertitel: DAS ZEITGENÖSSISCHE DEUTSCHE GEDICHT ZWISCHEN AUTOR UND LESER. Der Autor konnte bestimmen, zu welchen seiner Gedichte er sich äußern wollte. Er war gebeten, mehrere anzugeben. Dann bat ich, mit der Liste in der Hand, Germanisten, Kritiker, andere Autoren, sich einen Autor zu wählen und zu sagen, welches der von dem Autor ausgesuchten Gedichte der Gefragte zu interpretieren bereit sei. Eine Art lyrisches Heiratsbüro, das unermeßliche Telefongelder verschlang. Abgelehnt wurden grundsätzlich Kombinationen, bei denen der Interpret sofort begeistert erklärte: »Welche Gelegenheit, diesen Autor endlich einmal zu rupfen!« Als alles kombiniert war, konnte es losgehen, auf fünf Tippseiten begrenzt. (Nur in einem einzigen Falle stellte ich nachträglich eine Absprache der beiden Kontrahenten fest. Sonst hat keiner der Interpreten seinen Autor konsultiert.)

Was das Verblüffende und völlig Unerwartete war: Die

Fremdinterpreten, darunter berühmte, fürchteten, weniger zu wissen als der Autor, von dem es doch so oft heißt, er wisse nichts über sein Gedicht. Ich bekam Anrufe, daß man fürchte, sich zu blamieren. Diese Angst hatte eine ausgezeichnete Folge für das Buch: Jeder tat sein Äußerstes. Deswegen ist das Buch so gut geworden. Der Wettbewerb mit dem unsichtbaren Gegenüber brachte manchen der Teilnehmer sogar dazu, die Beiträge mit der Herausgeberin zu diskutieren und, wo es nötig war, genauere Formulierungen nachzuschieben. Ergebnis: Die Fremdinterpretationen, also die Interpretationen der Leser, sind, mit gezählten Ausnahmen, interessanter und besser als die Selbstinterpretationen, wie lesenswert diese auch seien.

An einer Interpretation möchte ich die Verfahrensweise des Autors (der Autorin) zeigen. Der Autor selber spricht sich ja nur zum Handwerklichen aus. Was er sagen wollte, das hat er gesagt, das kann er nicht nachträglich anpappen. Ich nehme also – unbescheidenerweise – wie meine Vorredner zunächst etwas Eigenes. Ich beginne mit den LIEDERN ZUR ERMUTIGUNG unter anderm auch, weil Sie das leicht nachlesen können, zumindest an LIED ZUR ERMUTIGUNG II, das in den DOPPELINTERPRETATIONEN steht. Ich beginne aber mit Lied I. Das hatte ich bisher nicht interpretiert, es wurde mir eigentlich erst in diesen Tagen interessant, als ich es mit meinem jungen chinesischen Übersetzer besprach, der zur Zeit hier Germanistik studiert, und wir feststellten, wie es zu lesen sei. Übersetzen ist ja immer zugleich auch Interpretieren.

Unsere Kissen sind naß
von den Tränen
verstörter Träume.

Aber wieder steigt
aus unseren leeren
hilflosen Händen
die Taube auf.

Also, sagte er, wir in China reden, wenn die Tränen wirklich aus dem Innersten kommen, von »warmen Tränen«. Ich übersetze daher »warme Tränen«. Wir hierzulande reden in einem solchen Fall von »heißen Tränen«, sagte ich. Aber das ganze Gedicht wäre dahin, wenn es hieße: »Unsere Kissen sind naß von den heißen Tränen verstörter Träume«. Erstens reicht ja Tränen, und zweitens ist »heiß« im Deutschen, wie »warm« im Chinesischen, ein Klischee. Ich bin dafür, daß Sie im Chinesischen, wie es hier im Deutschen gehandhabt ist, jedes nicht unbedingt nötige Adjektiv weglassen. Er war sofort einverstanden. »Unsere Kissen sind naß«, das ist eine Abänderung eines japanischen Verses aus einem No-Spiel (etwa um 1500). Der Japaner wischt die Tränen mit dem Ärmel ab. »Wir auch«, sagte er. »Dann muß man vielleicht auf ›Ärmel‹ zurückgehen. Das kann ich nicht entscheiden.« Sie wissen, im fernen Orient hat man Schlafrollen, eigentlich nur Nackenstützen. In China aber hat man außerdem auch Kissen, hörte ich. Bei »verstört« mußten wir uns darauf einigen, daß diese Träume zugleich »verstört« und »verstörend« sind.

Die »Taube« also kommt aus dem Nichts, das doch ein merkwürdiges Etwas ist. Sie kann ja nicht aus den leeren Händen kommen. Daß sie es aber tut, ist die Hauptsache: die Kippsituation am Rande der Wirklichkeit, von der ich gesprochen habe – die Paradoxie.

Das ist so wie in meinem Gedicht SEHNSUCHT, das Kunert gerade interpretiert hat.

Die Sehnsucht
läßt die Erde durch die Finger rinnen
alle Erde dieser Erde
Boden suchend
für die Pflanze Mensch

Daß der Mensch als Pflanze angesehen werde, sei erstaunlich, sagt Kunert. Da doch gerade die Mobilität als sein Merkmal gilt. Darauf kommt es eben an: und zwar auf doppelte Weise. Erstens, es scheint kein Ort zu sein auf diesem Globus, wo der menschliche Mensch gedeihen kann, diese immer seltener werdende species, nach der wir uns sehnen. Zweitens, aber nur zweitens, handelt es sich um den Menschen, dem gerade diese Mobilität zum Verhängnis geworden ist: den Vertriebenen. Mein allererstes Gedicht, in dem Band NUR EINE ROSE ALS STÜTZE, beginnt ja schon:

Man muß fortgehen können
und doch sein wie ein Baum:
als bliebe die Wurzel im Boden,
als zöge die Landschaft und wir ständen fest...

Die Umkehr des Erwarteten ergibt hier wie dort die Grenzbilder in Grenzsituationen des Lebens. Wie macht man das, fragt einer. Es kann nicht getan werden, muß aber dennoch getan werden, wenn man sich nicht ganz verlieren will. Die Paradoxien des Exils, diese Identitätskrise par excellence. *Exilium vita est*, steht innen über der Eingangstür im Hause von Victor Hugo, auf Guernsey. Eine antike Weisheit. Das Leben ist ein Exil. Das Exil ist die Modellsituation unseres Menschseins.

In dieser Taube, die aus den eigenen »leeren« Händen aufsteigt, verkörpert sich die Hilflosigkeit des Ich, das hier spricht, die in Zuversicht umschlägt. Und es ist ihm auch nicht nur einmal geschehen. »Wieder« steigt diese Taube auf. Das heißt, die Selbstrettung ist ein wiederholter Vorgang, man kann eine Art Zuversicht haben, daß es vom Boden her wieder aufwärts geht. Ohne das »wieder« würde die »Ermutigung« fehlen. Es würde, vor allem, der Vokal fehlen, auf dem die Stimme in die Höhe reist. Diejenigen unter uns, die nicht mit dem Reim arbeiten, arbeiten ja mit der Atemführung: in sehr hohem Maße also mit den Vokalen. Womit ich zu LIED ZUR ERMUTIGUNG II komme:

Lange wurdest du um die türelosen
Mauern der Stadt gejagt.

Du fliehst und streust
die verwirrten Namen der Dinge
hinter dich.

Vertrauen, dieses schwerste
ABC.

Ich mache ein kleines Zeichen
in die Luft,
unsichtbar,
wo die neue Stadt beginnt,
Jerusalem,
die goldene,
aus Nichts.

Dies ist das erste Gedicht, das ich je vor andern selbst interpretiert habe. Das war in einem Gymnasium in Bochum. Aus der Diskussion über dies Gedicht ist dann die Idee der DOPPELINTERPRETATIONEN erwachsen.
Als ich das Gedicht geschrieben hatte, im Winter 1960/61 in Madrid, da fragte ich mich, wie ich Mauern als »türelos« bezeichnen könne, da Mauern doch Tore haben. Versuchen Sie es einmal:

Lange wurdest du um die torelosen
Mauern der Stadt gejagt.

Da ist alles aus, weil die Stimme nicht steigt.
Ich tröstete mich dann damit, daß in den großen Toren immer Türen sind, die nachts oder im Kriegsfall offen bleiben, wenn man die Tore schließt. Und daß es also realistisch war, von den Türen in den Mauern zu sprechen. Der Gejagte: da dachte ich – nachträglich vermutlich – an Hektor, der von Achill um die eigene Stadt, um Troja, gejagt wird. Weil beide so stark lau-

fen, kann der Gejagte sich nicht in die Stadt retten. Daher darf das Gedicht die Mauern als »türelos« bezeichnen, weil für den Gejagten diese Türen praktisch nicht benutzbar sind. (Türelose Stadtmauern gibt es ja nicht, es ist ein subjektiver Zustand, wenn die Mauern für einen Menschen »türelos« sind.) »Gewiß«, sagte ich, »würden Sie als Chinese anders assoziieren. Troja ist Ihnen wohl kaum so gegenwärtig?«. »Doch«, sagte er, »aber erst nach der Kulturrevolution. Damals war die Geschichte Europas verboten. Jetzt kann man sie wieder studieren. Ich weiß diese Sache mit dem hölzernen Pferd«.

Mit der »Stadt« dieses Gedichts ist das Land gemeint. Städte haben überdies heute keine Mauern. Als ich dies schrieb, dachte ich vermutlich an die Verfolgten des NS-Regimes, die nicht nach Hause konnten, sondern von Land zu Land gejagt wurden: zunächst durch Europa. Wer sich retten wollte, stieß sich tangential ab, floh an den Rand der Welt. »Die verwirrten Namen der Dinge«. Alles wurde der damaligen Ideologie, dem damaligen Heilsglauben entsprechend, umbenannt. »Wie bei uns damals«, sagte der Chinese. Gefängnis ohne Verurteilung hieß *Schutzhaft*, Mord hieß *Sonderbehandlung*. – Ich gehe nicht weiter auf diese Sprachverzerrung ein, die nach dem Kriege das Mißtrauen in die so verfälschbare Sprache zurückließ. Ich verzichte hier auf den Exkurs über Sprachmißbrauch heute und über den Entmenschlichungsprozeß, dem die Sprache durch Technik und Industrialisierung zunehmend ausgesetzt ist. In dem Gedicht ICH WILL DICH zitiere ich zum Sprachethos Konfuzius:

Nichts weiter sagt er
ist vonnöten
Nennt
das Runde rund
und das Eckige eckig

Ich lese dazu den entsprechenden Passus aus Konfuzius: »Wenn die Sprache nicht stimmt, so ist das, was gesagt wird, nicht das, was gemeint ist. Ist das, was gesagt wird, nicht das, was gemeint ist, so kommen die Werke nicht zustande; kommen die Werke nicht zustande, so gedeihen Moral und Kunst nicht; gedeihen Moral und Kunst nicht, so trifft die Justiz nicht; trifft die Justiz nicht, so weiß das Volk nicht, wohin Hand und Fuß setzen. Also dulde man keine Willkür in den Worten. Das ist alles, worauf es ankommt.«

Jede kleinste Verschiebung zwischen dem Wort und der mit dem Wort gemeinten Wirklichkeit zerstört Orientierung und macht Wahrhaftigkeit von vornherein unmöglich. Niemand aber ist eine feinere Waage für die Worte als der Lyriker. Deshalb erfüllt das Gedicht, das Sprache erneuert und lebendig hält, eine Funktion für alle, denn es hilft, die Wirklichkeit, die sich unablässig entziehende, benennbar und gestaltbar zu machen.

Das braucht nicht unbedingt innerhalb der Regeln der Alltagssprache zu geschehen. Die Wahrhaftigkeit des dichterischen Worts hat ihre eigene Sprachlogik, wo »eckig« anders ausgedrückt werden kann. So könnten Sie mir vorwerfen: Sie setzen hier »Stadt« für Land. Das Gedicht lebt aber davon, daß es das eine durch das

andere sagt, ein *quid pro quo*; daß es Metaphern benutzen kann und krude realistische Worte mit metaphorischen verbindet.
In unserem Gedicht also wird nicht nur Stadt für Land gesetzt, der Fliehende streut die »verwirrten Namen der Dinge« hinter sich, als sei es Sand. Das heißt zweierlei: einmal, er entfernt sich von dieser mißbrauchten Sprache, er verläßt sein Sprachgebiet. Es kann auch heißen, er verwischt die eigene Spur, so wie ein fliehendes Tier.
Hier schlägt das Gedicht um: »Vertrauen« wird angerufen. Zugleich wird es als das Schwerste und als das Einfachste bezeichnet. Das, womit alles anfängt: das ABC. In jedem Buchstaben soll das Vertrauen sein, das wird hier gefordert und auch vorausgesetzt. Das ABC lernt jedes Kind. Nach »Vertrauen« dennoch wird gerufen. Und dann wird beschrieben, wie dies Vertrauen gleichsam herbeigezaubert wird. (Das Vertrauen zwischen Menschen, auch das Sprachvertrauen.) Ähnlich wie aus den leeren, hilflosen Händen im ersten LIED ZUR ERMUTIGUNG die Taube aufsteigt.
Damit wird eine neue Topographie geradezu geschaffen. Nämlich ins Nichts, in die Luft, wird ein Zeichen gesetzt, eine neue Ortsbestimmung und eine neue Zeitbestimmung. Das Ich setzt dies Zeichen. Es kann nicht verwundern – da wir uns hier im Grenzbereich des Faktischen zum Möglichen befinden –, daß diese »Luftstadt« sozusagen erscheint, sichtbar wird, wenn das Adverb »unsichtbar« hinzugesetzt wird. Was durch den Rhythmus ja auch betont wird: »un-síchtbar«.

Ich mache ein kleines Zeichen
in die Luft,
unsichtbar,
wo die neue Stadt beginnt

Die Negation, auf der insistiert wird, enthält schon die Möglichkeit, daß es anders sei. »Man verläßt die diesseitige Gegend und baut dafür hinüber in eine jenseitige, die ganz Ja sein darf«, sagt Paul Klee. Die Stadt »beginnt« im Lichte. Es ist die »verheißene Stadt«, Jerusalem, die utopische Stadt.
Nicht das irdische, das himmlische Jerusalem. Und somit golden im Licht, eine Stadt aus Nichts. Aus dem Nichts aber ist keiner mehr vertreibbar. Ich erinnere an das Motto meines ersten Buchs:

Ich setzte den Fuß in die Luft,
und sie trug

diese Antwort auf Lope de Vegas:

Verlorene Schritte tu ich
auf Erden, denn alles ist Luft.

Dando voy pasos perdidos
por tierra que todo es aire.

Und auch der Titel selbst entspricht dem gleichen Lebensgefühl: NUR EINE ROSE ALS STÜTZE.
Jetzt lese ich nach, was ich darüber geschrieben habe, vor zwei Jahrzehnten. Denn hier habe ich ja nur eine

Kurzinterpretation gegeben. Ich begann damit, daß dies Gedicht etwas zugleich Helles und besonders Verzweifeltes sei. Ganz dem Zwiespalt entsprechend, in dem ein Mensch wie ich zu leben hat, wenn er aufrichtig ist sich selbst gegenüber. Hierbei lasse ich es.

Ich schlage vor, Sie sehen sich die ausführliche Kommentierung zu ERMUTIGUNG II in den DOPPELINTERPRETATIONEN an: besonders die – umgekehrt vorgehende – von Professor Gadamer.

Ich lese Ihnen jetzt noch LIED ZUR ERMUTIGUNG III, das ich nur summarisch interpretiere:

Diese Vögel
ohne Schmerzen,
diese leichtesten goldenen
Vögel
dahintreibend
über den Dächern.

Keiner
nach dem andern
fragend.

Ohne Bitte,
ohne Sehnsucht,
sich mischend, sich trennend.

Wir,
unter den Dächern,
uns anklammernd.

Sieh,
die Sonne kehrt
wieder
als goldener Rauch.
Die fallende steigt.
Steigt aus den Dächern Hiobs.
Es tagt
heute
zum zweiten Mal.

Vielfach werden die »leichtesten goldenen Vögel« als »Vögel« gelesen, während ich bestimmt an die Wolken gedacht habe, frei nach Schillers MARIA STUART, »Segler der Lüfte«. Also, die dahintreibende Luft, in immer neuen Formen. Golden, wie auch die im Nirgendwo der Luft »beginnende« goldene Stadt aus Nichts, diese Stadt »mit den offenen Toren«, wie anderwärts von ihr gesagt wird. Sehnsucht, Bitten, in der Leichtigkeit der Luft hört all dies auf. Nur wir, »unter den Dächern, uns anklammernd«. Zu lesen: anklammernd an die Sehnsucht, an die Hoffnung, an den Andern, an das widerrufbare Zuhause.
Und wieder geschieht das Wunder: Die Sonne kehrt um, wenngleich nur als Widerschein.

Es tagt
heute
zum zweiten Mal.

Ein Hölderlinsches Gefühl der möglichen Rückkehr alles Verlorenen. »...Und aus Bächen herauf glänzt das begrabene Gold.« (MENONS KLAGE UM DIOTIMA:)

Ach! und nichtig und leer, wie Gefängniswände,
der Himmel
...
Wenn das Fest sich beseelt, und Fluten der Liebe
sich regen,
Und vom Himmel getränkt, rauscht der lebendige
Strom
Wenn es drunten ertönt, und ihre Schätze die
Nacht zollt,
Und aus Bächen herauf glänzt das begrabene Gold. –

»Unter diesem Absatz, sonst unter keinem andern, ein waagerechter Strich«, lese ich eben im Kommentar. Es ist ja das Äußerste.

»die Sonne kehrt
wieder
...
Es tagt
heute
zum zweiten Mal.«

Mein Gedicht ist Nelly Sachs gewidmet (»Li« ihren Freunden), weil sie mir schrieb, »so, genau so« sei ihr zumute gewesen, als sie auftauchte aus dem Verfolgungswahn, in den sie die Reise nach Meersburg, das Wiedersehen mit Deutschland, gestürzt hatte. Konkret, als sie die Anstalt verlassen konnte.

Hier möchte ich nun ein ganz merkwürdiges Dennoch-Gedicht anschließen. Es sind im Grunde alles Dennoch-Gedichte, die ich zu übermitteln versuche. Dies Gedicht stammt aus der Zeit des Dreißigjährigen Kriegs. Es ist von Fleming, der das Kriegsende nicht mehr erlebt hat. Von diesem Gedicht heißt es im Nachwort der Reclamausgabe, die sprichwortartige Schlußsentenz »behaupte die Eigenmächtigkeit des Individuums gegenüber allen äußeren Zwängen«. Dies Gedicht wurde auf Handzetteln an die Mitarbeiter der alten FRANKFURTER ZEITUNG verteilt. Ich zitiere meine Quelle: »Ich erinnere mich an eine der traurigsten Stunden meines Lebens. Das war im Jahre 1943, im August. Ich war damals die jüngste Redakteurin der berühmten hundert Jahre alten Frankfurter Zeitung.* Die ganze Belegschaft – Redakteure, Kaufleute, Techniker, Arbeiter – war in die große Setzerei zusammengerufen worden. Dort wurde uns eröffnet, daß auf Hitlers Anweisung die Zeitung eingestellt werden müsse, am 31. August werde sie zum letzten Mal erscheinen. Und dann wurde ein Blatt Papier ausgeteilt, kaum handgroß, und darauf ein Gedicht aus dem Jahr 1636, Mitte des Dreißigjährigen Krieges. Die ersten Zeilen lauteten:

* Übrigens einer Gründung von Leopold Sonnemann, einem Onkel der Lasker-Schüler.

Sei dennoch unverzagt, gib dennoch unverloren,
Weich keinem Glücke nicht, steh höher als der Neid,
Vergnüge dich an dir und acht es für kein Leid,
Hat sich gleich wider dich Glück, Ort und Zeit
verschworen.

Da heißt es Glück, wo es nach unserm Gefühl Schicksal oder Unglück heißen müßte. Das Wort ist noch nicht eingeschränkt...«*
Welche Zeitung würde heute ein solches Gedicht in schwarzer Stunde verteilen? Gar nicht vorstellbar. (Zur Interpretation noch: Das Wort Glück soll aus der mittelalterlichen Handwerkersprache kommen und ursprünglich Gelücke geheißen haben: der Deckel, der dem Töpfer auf seinen gerade hergestellten Topf paßt.)
Paul Fleming vor 350 Jahren:

AN SICH

Sei dennoch unverzagt, gib dennoch unverloren,
Weich keinem Glücke nicht, steh höher als der Neid,
Vergnüge dich an dir und acht es für kein Leid,
Hat sich gleich wider dich Glück, Ort und Zeit
verschworen.

---

* Elisabeth Noelle-Neumann, *Weich keinem Glücke nicht*, aus EINE DEMOSKOPISCHE DEUTSCHSTUNDE, Zürich, 1983, S. 131/132.

Was dich betrübt und labt, halt alles für erkoren,
Nimm dein Verhängnis an, laß alles unbereut.
Tu, was getan muß sein, und eh man dir's gebeut.
Was du noch hoffen kannst, das wird noch stets
geboren.

Was klagt, was lobt man doch? Sein Unglück
und sein Glücke
Ist ihm ein jeder selbst. Schau alle Sachen an:
Dies alles ist in dir. Laß deinen eitlen Wahn,

Und eh du förder gehst, so geh in dich zurücke.
Wer sein selbst Meister ist und sich beherrschen kann,
Dem ist die weite Welt und alles untertan.

Es ist dies *Dennoch*, diese aus dem Nichts aufsteigende Zuversicht – der Augenblick von Freiheit, wie ich es nannte –, die das Gedicht dem Schreibenden und dem Lesenden gibt. Von immer zu immer.

DREI ARTEN GEDICHTE AUFZUSCHREIBEN

I

Ein trockenes Flußbett
ein weißes Band von Kieselsteinen
von weitem gesehen

hierauf wünsche ich zu schreiben
in klaren Lettern
oder eine Schutthalde
Geröll
gleitend unter meinen Zeilen
wegrutschend
damit das heikle Leben meiner Worte
ihr Dennoch
ein Dennoch jedes Buchstabens sei

2

Kleine Buchstaben
genaue
damit die Worte leise kommen
damit die Worte sich einschleichen
damit man hingehen muß
zu den Worten
sie suchen in dem weißen
Papier
leise
man merkt nicht wie sie eintreten
durch die Poren
Schweiß der nach innen rinnt

Angst
meine
unsere
und das Dennoch jedes Buchstabens

3

Ich will einen Streifen Papier
so groß wie ich
ein Meter sechzig
darauf ein Gedicht
das schreit
sowie einer vorübergeht
schreit in schwarzen Buchstaben
das etwas Unmögliches verlangt
Zivilcourage zum Beispiel
diesen Mut den kein Tier hat
Mit-Schmerz zum Beispiel
Solidarität statt Herde
Fremd-Worte
heimisch zu machen im Tun

Mensch
Tier das Zivilcourage hat
Mensch
Tier das den Mit-Schmerz kennt
Mensch Fremdwort-Tier Wort-Tier
Tier
das Gedichte schreibt
Gedicht
das Unmögliches verlangt
von jedem der vorbeigeht
dringend
unabweisbar
als rufe es
›Trink Coca-Cola‹

V

Sisyphos: die tägliche Anstrengung, das Unmögliche zu tun. – Der schreibende Asylant als Sonderfall der Sisyphosexistenz. – Das Postulat der *zweiten Chance*: der Neubeginn.

Wer es könnte
die Welt
hochwerfen
daß der Wind
hindurchfährt

Wer es könnte... eine spielerische Variante des Themas dieser Vorlesung.
Der Mensch, der das Unmögliche versucht, wieder und wieder, und es nicht hinkriegt. Die Auflösung der Spannung zwischen Mensch und Wirklichkeit. Also das Thema des Sisyphus, das Sie ja kennen. Der Mann, der verurteilt war, den Stein den Berg hinaufzurollen, den Stein, der, ehe er oben ist, ihm entgleitet und den Abhang hinuntersaust. Warum war Sisyphus dazu verurteilt? Das interessiert eigentlich nicht. Er wollte nicht sterben. Durch einen kleinen Betrug hatte er, als er schon im Hades angelangt war, tot aber nicht begraben, sich wieder ans Tageslicht gemacht. Was er sonst geleistet, was er verbrochen hat, interessiert noch weniger. Es interessiert diese absurde Tätigkeit, zu der er verurteilt ist, schon wissend, daß er es nicht schaffen

kann. Sisyphus als ein wesentlicher Aspekt der *conditio humana*.

Sisyphus: nur eine andere Metapher für mein Lebensmotto *Dennoch*, das ich auch zu dem Ihren machen möchte. Eine Metapher der Widerständigkeit.

Im zweiten Teil dieses Vortrags komme ich zum Thema Exil, wo diese Widerständigkeit besonders gefordert ist: dem Exil von damals, dem Exil von heute.

Als nach Hause Zurückgekehrtem erscheinen mir die Exilanten von heute als *Asylanten*, unter diesem Titel wird ihr Schicksal in den Zeitungen diskutiert. Ganz wie auch ich damals für die Menschen, in deren Ländern ich Zuflucht suchte, ein Asylant war: einer, der bleiben durfte oder ausgewiesen wurde, der arbeiten durfte oder auch nicht, der Vertrauen genoß oder auch nicht. Einer, der sich den Landessitten anpassen mußte und für den die Wirklichkeit tagtäglich eine schwerer zu stemmende Last war.

In diesem Jahrhundert, dem Jahrhundert der Flüchtlinge, ist das Thema Sisyphus von äußerster Aktualität. Das Paradox der Existenz wird täglich am Flüchtling exemplifiziert.

Als ich mich entschloß, mich Sisyphus zuzuwenden, kannte ich zwar den MYTHE DE SISYPHE – ESSAI SUR L'ABSURDE von Camus, wußte aber nicht, daß im gleichen Jahr 1942 noch ein anderer berühmter Franzose, Roger Caillois, über das gleiche Thema gearbeitet hatte, LE ROCHER DE SISYPHE (zwei Altersgenossen, beide im Vorkriegsjahr 1913 geboren). Caillois' Buch wurde in Buenos Aires gedruckt, wo er im Exil war, während Camus der Résistance angehörte. Beide Bü-

OTEL KARACA

★★★

1379 Sokak No: 55 İZMİR
Tel : (232) 489 19 40
Fax : (232) 483 14 98

cher sind naturgemäß durch die Niederlage Frankreichs geprägt. Caillois setzt sich mit Geschichte und Wirklichkeit auseinander: mit dem, was zu tun wäre. Camus mit dem Selbstmord, angesichts der unerträglichen Absurdität des Lebens. Und mit den verschiedenen Versuchen der Überwindung des Selbstmords. Als einzig mögliche Alternative sieht er das Schreiben (in seinem Fall, den Roman) und fordert eine immer sich steigernde Intensität in der Formulierung der unauflösbaren Widersprüche.*
Merkwürdig, wie das klingen muß, identifiziere ich mich mit beiden so verschiedenen Möglichkeiten: mit der unentwegten Anstrengung, der Wirklichkeit Herr zu werden, auch wo es aussichtslos scheint. Und mit dem Schreiben als Alternative zum Selbstmord: das Formulieren, das Objektivieren der unlebbaren Widersprüche gibt diesen Augenblick von Freiheit, von dem hier die Rede war. Und ohne diese »Rettung« wäre mancher von uns Schreibenden, vielleicht sogar mancher der Lesenden, nicht mehr am Leben.
Ursprünglich hatte ich an zwei sehr gegensätzliche Sisyphusgedichte gedacht: das von Enzensberger und das von mir. Rein durch Zufall fand ich dann drei weitere Sisyphusgedichte von jüngeren Autoren. Das alte

---

* Es wird vielleicht interessieren, daß Camus damals Publikationsschwierigkeiten hatte, weil er diese Essays mit Kafka beschließen wollte, der aber als Prager Jude kein druckbares Thema im besetzten Paris war. Immerhin konnte der Aufsatz in einer südfranzösischen Zeitschrift publiziert werden und wurde später in das Buch integriert.

Thema, wie alle guten Themen, altert nicht. Goethe hat sich kurz hierzu geäußert. In den XENIEN, 1774/1777:

Auch noch hier nicht zur Ruh, du Unglückseliger!
Noch immer rollst du bergauf wie einst, da du
regiertest, den Stein!

Was soll er übrigens erreichen? Der Stein, den er bergaufwärts rollt, sollte auf dem Gipfel nach der andern Seite herunterrollen. Dann wäre er den Stein los. Ein illusorischer Gedanke. »Der wunderbarste Irrtum aber ist derjenige, der sich auf uns selbst und unsere Kräfte bezieht«, sagt Goethe. »... daß wir nach einem Ziel streben, das wir nie erreichen können. Die daraus entspringende Tantalisch-Sisyphische Qual empfindet jeder nur desto bitterer, je redlicher er es meinte.« (MAXIMEN UND REFLEXIONEN*)
In Enzensbergers ANWEISUNG AN SISYPHOS – das Gedicht stammt aus der VERTEIDIGUNG DER WÖLFE, dort steht es unter BÖSE GEDICHTE – ist die Identifikation mit Sisyphos, dem von den Göttern zu ergebnislosem Tun Verurteilten, in der Tat eine bittere.

* Artemis-Ausgabe, Bd. 9, S. 506

Was du tust, ist aussichtslos. Gut:
du hast es begriffen, gib es zu,
aber finde dich nicht damit ab,
Mann mit dem Stein. Niemand
dankt dir; Kreidestriche,
der Regen leckt sie gelangweilt auf,
markieren den Tod. Freu dich nicht
zu früh, das Aussichtslose
ist keine Karriere
...
... Schweig,
sprich mit der Sonne ein Wort,
während der Stein rollt, aber
lab dich an deiner Ohnmacht nicht,
sondern vermehre um einen Zentner
den Zorn in der Welt, um ein Gran.
Es herrscht ein Mangel an Männern,
das Aussichtslose tuend stumm,
ausraufend wie Gras die Hoffnung,
ihr Gelächter, die Zukunft, rollend,
rollend ihren Zorn auf die Berge.

Hier wird also zum Zorn aufgerufen, zum Vermehren des Zorns. Und zum »Ausraufen« der Hoffnung: »ausraufend wie Gras die Hoffnung«. Dennoch ist die Aufforderung da, »das Aussichtslose« zu tun, auch wenn es aussichtslos ist. Jedenfalls wird von Selbstmitleid abgemahnt. Der eigene Tod (die »Kreidestriche«!) wird in Kauf genommen bei diesem Tun. Der Zorn wird hochgerollt. Man weiß schon, er rollt zurück, er ändert die Zukunft nicht. Unklar bleibt, auf wen sich das Possesivpronomen bezieht. Auf die Männer, die das »Aussichtslose« tun und von denen es zu wenige gibt, wohl kaum, sie werden als »stumm« bezeichnet. Wäre es also das Gelächter der trügerischen Hoffnung? Oder wäre es doch eine Art kathartischen Ausbruchs der Sisyphoi? Angesichts der aussichtslosen Zukunft?

Neben Enzensberger wirkt Brecht, bei allem Realismus, direkt zuversichtlich:

> Auch der Zorn über das Unrecht
> Macht die Stimme heiser. Ach, wir
> Die wir den Boden bereiten wollten
> für Freundlichkeit
> Konnten selber nicht freundlich sein.
>
> Ihr aber, wenn es so weit sein wird
> Daß der Mensch dem Menschen ein Helfer ist
> Gedenkt unsrer
> Mit Nachsicht.

Enzensberger sieht nicht, daß es je soweit kommt. Niemand wird bei ihm »auftauchen aus der Flut«, wie er, etwas später, 1964, auch ausdrücklich schreibt:

> WEITERUNG
>
> wer soll da noch auftauchen aus der flut,
> wenn wir darin untergehen?...

keine nachgeborenen
keine nachsicht

nichts weiter

(BLINDENSCHRIFT, S. 50)

In meinem Gedicht SISYPHUS, genau zehn Jahre nach dem Enzensbergers geschrieben, wird die Aufforderung, das Unmögliche zu tun, konkreter durchkonjugiert. Hier wird ein Vers von Mallarmé durchgespielt: gleichfalls von der Vergeblichkeit handelnd. Der Vers von Mallarmé (Titel: L'AZUR):

Quel ennui, pour boucher d'une main jamais lasse
Les grands trous bleus que font méchamment les oiseaux.
(1864)

In meiner lockeren Übersetzung:

Die großen blauen Löcher,
die die Vögel machen, die argen,
stopfe sie
mit unermüdlicher Hand.

Was mein Gedicht mit dem Enzensbergers verbindet: Es wird auf jeden Fall die Fortsetzung der Tätigkeit verlangt.

SISYPHUS

Variationen auf einen Imperativ von Mallarmé

›Die großen blauen Löcher
die die Vögel machen die argen‹
die schwarzen Risse der Nachrichten
frühmorgens
›stopfe sie
mit unermüdlicher Hand‹

Kämme die Berge
lösche
wische weg
die Kreuzfahrerheere
fahrend zu unheiligen Gräbern
die Löcher die die Kreuzfahrer machen die argen
stopfe sie
mit unermüdlicher Hand

Und Münder die rufen
mit unermüdlichem Atem
aufgestellt in allen Ländern
und riesige Herzen neue Totems
reibe sie mit Meersand ab
die siebenfältige Herzhaut die arge

Impfe
mit den Tränen der Gefolterten
uns Überlebende
uns Nachgeborene

Die Wege sind krank
Tritte der Kreuzfahrer unermüdliche
müssen geglättet werden
mit den Handflächen unermüdlichen
stopfe
die großen blauen Löcher
die die Flugzeuge machen die argen
und die schwarzen Risse
halte
die Ränder der Wunden zusammen
stopfe die Haut des Planeten
er reißt
in unserm Jahrhundert
stopfe
mit unermüdlicher
mit nie ermüdender Hand
rufe
mit nie ermüdendem Atem
die nie ermüdenden Hände

Bergaufwärts gerollt
die Steine
werden Quelle und Brot

Zu den Kreuzfahrerheeren: Es sind hier nicht, oder doch nur als Metapher, die Kreuzfahrer des Mittelalters gemeint, ideologische Fanatiker, es sind durchaus die heutigen. Hierzu zitiere ich einige höchst saloppe Zeilen:

Keimt ein Glaube neu,
wird oft Lieb' und Treu'
Wie ein böses Unkraut ausgerauft.
...
Opfer fallen hier,
Weder Lamm noch Stier
aber Menschenopfer unerhört.

Enzensberger, Sie erinnern sich, verlangt, daß die Hoffnung »ausgerauft« wird wie Gras. Dieser Schreiber steht dem »Ausraufen« äußerst kritisch gegenüber. Ob er damit einverstanden wäre, daß ich ihn hierzu zitiere? Er schrieb es im Jahre 1797. Da hatte die Revolution schon ihre Kinder gefressen. (Sie wissen, es war ein Zitat aus der BRAUT VON KORINTH.)
Wenn ich die Haupt-Aufforderungen nehme:

die schwarzen Risse der Nachrichten
frühmorgens,

sie sind so wenig zu »stopfen« wie »die großen blauen Löcher, die die Vögel machen, die argen«. »Stopfe sie mit unermüdlicher Hand«: das scheint der pure Hohn.

Wische weg
die Kreuzfahrerheere,

die fanatischen Heilsbringer unseres Jahrhunderts. Diese Forderung ist schon eine Nuance konkreter.

Impfe
mit den Tränen der Gefolterten
uns Überlebende
uns Nachgeborene.

Das ist die zentrale Forderung des Gedichts. Können wir »die Haut des Planeten« stopfen?

Er reißt
in unserm Jahrhundert.

Nicht umsonst heißt das Gedicht SISYPHUS! Versucht werden muß es, täglich und von jedem, an seiner Stelle. Ganz zum Schluß nun der bergauf zu rollende Stein, Symbol unseres Bemühens. Und das *Dennoch* dieses Tuns, des immer zu wiederholenden:

Bergaufwärts gerollt
die Steine
werden Quelle und Brot

»Tut das Unnütze.« Das scheinbar Unnütze.
Damit sind wir wieder bei Günter Eich. Aber der Appell ist ein umgekehrter: Verlier die Hoffnung nicht, daß du, an deiner Stelle, etwas ändern kannst.
Was wird in meinem Sisyphusgedicht vom Angerufenen erwartet? Daß er sich gegen die Fanatisierung einsetzt, gegen das Freund/Feind-Denken. Daß, so unmöglich es auch scheinen mag, der Mensch dem Menschen ein Helfer sei.
Der Mensch, der gelitten hat, ist eher geneigt, der

Hoffnung Raum zu geben. Das gilt hier ebenso wie bei Brecht.
Sehr erinnerlich ist mir, daß gegenüber dem vielzitierten Aufruf »Seid Sand, nicht das Öl im Getriebe der Welt« Böll mir schrieb, er wolle »nicht Sand noch Öl sein, nicht Ölsand noch Sandöl«. Er schrieb das fast zornig. Er suchte ein Drittes, seiner Natur gemäß, womit ich voll übereinstimme. »Wir wollen die geborenen Einmischer sein«, erklärt Böll, »Einmischung ist die einzige Möglichkeit, realistisch zu sein... Das Aktuelle ist der Schlüssel zum Wirklichen. Wir wollen nicht Wirklichkeit nehmen, sondern mithelfen, Wirklichkeit zu schaffen.«
So kann, so soll man meinen SISYPHUS lesen: daß etwas zumindest durch dies stete Bemühen geändert werden könnte. Daß es versucht werden muß.
Die drei Sisyphusgedichte der jüngeren Autoren lese ich hier nicht, weil sie nicht auf »Veränderung« aus sind.*

---

* Das eine der Gedichte stammt von Ulrich Schacht (Jahrgang 1953) und ist eine Klage um das eigene, schwer beschädigte Leben. Peter Maiwalds ist eine geistreiche Verspottung der vergeblichen Mühe des »Verläßlichen«, mit seinem »bergauf/bergab«. Einzig Ulla Hahn gewinnt dem Thema eine neue Seite ab: Der Stein bleibt am Berg oben kleben, und »S« steht hilflos vor dem Verlust seiner Lebensaufgabe: eine ironisch-emanzipatorische Identifikation ex negativo.
In diesem Zusammenhang mag es interessieren, daß neuerdings auch ein Maler der DDR, der Leipziger Wolfgang Mattheuer, sich dem Thema gewidmet hat, das er in sehr eigenwilliger Weise in verschiedenen Versionen angeht.

Und Veränderung der Wirklichkeit, der Versuch, sie lebbarer zu machen, war ja hier das Thema.
»Il n'y a pas de travail inutile: Sisyphe se faisait les muscles.« (Arbeit ist nie unnütz: Sisyphus stärkte seine Muskeln.) Das ist das Motto von Caillois' LE ROCHER DE SISYPHE.
»Ich wollte beweisen, daß die Zivilisation eine Anstrengung ist, die man immer neu beginnen muß, die immer gefährdet ist, und deren Fortschritt kaum spürbar ist, die aber – und darin sind sich viele einig – der höchste Ruhm des Menschen ist (*la meilleure gloire de l'homme*)«. So endet die Vorrede vom 24. September 1942. »Das«, schreibt er, »ist die erste Lektion, die die Menschen, aus dem Kampf mit den Mächten, die nicht zuhören, noch vergeben, zu ziehen haben, diesem Kampf, der ihr alltägliches Schicksal ist. Diese Lektion stellt den äußersten Wert von ein paar ganz einfachen und allgemeinen Tugenden fest, die jeder in sich stärken kann, wenn er es nur wünscht... Sie bestimmen das Maß der Verläßlichkeit des Menschen. In sie setzt man das Vertrauen, das man zu ihm hat.« Das wurde mitten im Weltkrieg, etwa gleichzeitig mit Brechts AN DIE NACHGEBORENEN, geschrieben.
Der politisch Verfolgte, der Exilant, gehört mehr noch als der gewöhnliche Sterbliche zum Geschlecht der Sisyphiden.* An ihm wird es am deutlichsten.

---

* Nicht ohne Reiz ist es übrigens, daran zu erinnern, daß der umherirrende Wanderer Odysseus ein unehelicher Sohn des Sisyphus gewesen sein soll (wie bei Hederich nachzulesen).

Anstatt Selbstmord
beging er
die Fremde
sprachauf
sprachab
und fand keinen Ausweg

schreibt der Exilrumäne Dieter Schlesak über den Exilrumänen Tristan Tzara.

Die ganze Heimat
und das bißchen Vaterland
die trägt der Emigrant
von Mensch zu Mensch – landauf landab

schrieb Walter Mehring.

Natürlich braucht dies Hin und Her, dies Auf und Ab des Exils sich nicht notwendigerweise wie hier als Sprachthematik zu manifestieren. Das Exil ist die Extremerfahrung der *conditio humana.* Der politische Flüchtling, der Exilant, ist der [dem Tod] Entronnene wie Sisyphus: der Bestrafte, der den Stein schleppen muß, von Tag zu Tag, und fühlbarer als andere. Sein Stein ist die Heimat. Kriegt er es hin? Sein Stein ist die Sprache. Die Widersprüche seiner Existenz sind für jeden geradezu aufdringlich sichtbar.

Deswegen konnte ich, ein ehemaliger Exilant, dem so mancher den Stein hat tragen helfen – und die wir ihn zu zweit tragen durften – diese Vorlesungen nicht abschließen, ohne Sie auf die Exilanten hinzuweisen, die heute bei uns eine neue Bleibe gefunden haben, »Zuflucht« ist das richtige Wort. Und auf die Neuigkeit, daß einige dieser Verfolgten, die schon als Erwachsene zu uns kamen, nicht nur deutsch gelernt haben, sondern daß sie im Deutschen kreativ geworden sind wie niemand je seit Chamisso, der ja vierzehnjährig mit seinen Eltern nach Deutschland kam.

Ich zitiere nur eine kleine Auswahl, um Ihnen eine Vorstellung zu geben von der Nähe und der Ferne, die der Asylant zu bewältigen hat, wenn er den Stein der Heimat, der Zugehörigkeit zu dem Gastland und dem Heimatland, bergauf zu wälzen versucht.

Zunächst ein Gedicht einer jungen Frau aus Bangladesch, einer Medizinstudentin, Khalida Hafiz Jehan (geb. 1952), die übrigens nicht bei uns in der Bundesrepublik, sondern in Halle ihr Studium fortsetzen konnte, ehe sie nach London weiterzog, wo sie psychisch erkrankte. Das Gedicht entstand 1980 in Halle.

UNERFÜLLBARE HOFFNUNGEN HEGT DIE STIMME

Unerfüllbare hoffnungen hegt die stimme
sie will
vor Gottes antlitz singen wenn
die welt erlischt, der nachtigall
antwort geben
in heißer nacht
freudenrufe zuschicken
den grabbewohnern unter sternenlosem himmel

Sie will gehört werden auch
wenn sie schweigt

Am meisten an Chamisso erinnert mich Jean Apatride (eigentlich Ákos Mohar), der 1956 wie so viele aus Ungarn floh, zunächst nach Frankreich, aber nun schon seit 1963 in der Bundesrepublik ist. Er kam mit 25, hat viele Berufe gelernt, von denen er keinen ausüben konnte, und ist ein deutscher Dichter geworden, obwohl Französisch ursprünglich seine zweite Sprache war. Wie Yvan Goll »Jean-sans-Terre«, nennt er sich »Apatride«.

AUTODAFÉ

Buchstaben brannten.
Der Geist aber überwinterte mutig,
Dürstend und hungrig
Fern von der Heimat.
Nach langem Winter

Stieg das Wort wieder
Mit blassem,
Tränendurchtränktem Antlitz
Aus der trauernden Asche.

Deutschland redet er so an:

O nimm mich auf, o nimm das Gedicht,
meine heutige Heimat,
...
Und laß den Wanderer singen,
Und höre sein sehnsüchtiges Lied *

---

* Auszug aus dem Gedicht AN DEUTSCHLAND.

Sehr fühlen wir uns erinnert an das Gedicht BEI DER RÜCKKEHR, das Chamisso an der Reede von Swinemünde schrieb, bei seiner Rückkehr von der REISE UM DIE WELT (1815–1818).

Heimkehret fernher, aus den fremden Landen
In seiner Seele tief bewegt der Wanderer;
Er legt von sich den Stab und kniet nieder,
Und feuchtet deinen Schoß mit stillen Tränen,
O deutsche Heimat! – Woll' ihm nicht versagen
Für viele Liebe nur die eine Bitte:
Wann müd' am Abend seine Augen sinken,
Auf deinem Grunde laß den Stein ihn finden,
Darunter er zum Schlaf sein Haupt verberge.

Über die schwierige Situation des Asylanten zwischen Deutschland und Frankreich, bei dem erneuten Waffengang 1815, die der Anlaß zu dieser Reise wurde, berichtet Chamisso selbst: »Ich hatte ja kein Vaterland mehr oder noch kein Vaterland.« *
Dies muß man wissen, um das Gedicht an Deutschland richtig zu lesen, das Chamisso 1818 beim Anlegen im Hafen von Swinemünde schrieb, und wo er, mich wundert das nicht, sich bei der Rückkehr als erstes entschließt: »Hier möchte ich begraben sein« (»Auf deinem Grunde laß den Stein ihn finden, / Darunter er zum Schlaf sein Haupt verberge«, nämlich der »Heimkehrer«). Dabei fällt mir auf, daß auch ich,

---

* Reise um die Welt, Societäts-Verlag, 1979, S. 14/15.

im ersten Gedicht nach der Rückkehr, APFELBAUM UND OLIVE, das ich im Frühjahr 1955 schrieb, von einem Grab in Deutschland spreche. Das Gedicht schließt:

Und daran erkennst du,
daß du
hier ein wenig mehr
als an andern Stätten
zuhaus bist.

Das Bekenntnis zur deutschen Sprache hat wohl keiner der Ausländer bewegender ausgedrückt als der Türke Yüksel Pazarkaya, der, obwohl er jetzt in beiden Sprachen veröffentlicht, in so starkem Maße ein Vermittler geworden ist wie seinerzeit manche von uns Hitlerflüchtlingen. Er kam als Stipendiat, machte den Doktor bei Max Bense, und arbeitet in Köln am WDR, wo er die Sendungen für die türkischen Gastarbeiter leitet. Neuerlich hat er eine Anthologie TÜRKISCHE LYRIK DER GEGENWART in eigener Übertragung herausgegeben, die es mit den Übertragungen deutscher Autoren erstaunlich gut aufnimmt.

DEUTSCHE SPRACHE

Deutsche Sprache
die meine zweite heimat ist
die mir mehr zuversicht
die mir mehr geborgenheit
die mir mehr gab als die
die sie angeblich sprechen

sie gab mir lessing und heine
sie gab mir schiller und brecht
sie gab mir leibniz und feuerbach
sie gab mir hegel und marx
sie gab mir sehen und hören
sie gab mir hoffen und lieben
eine welt in der sich leben läßt
die in ihr verstummen sind nicht in ihr
die in ihr lauthals reden sind nicht in ihr
die in ihr ein werkzeug der erniedrigung
die in ihr ein werkzeug der ausbeutung sehn
sie sind nicht in ihr sie nicht
meine behausung in der kälte der fremde
meine behausung wenn mich verbiegt die bitterkeit
in ihr genoß ich die hoffnung
wie in meinem türkisch.

Nicht um des Poetologischen willen, auch nicht zum Thema Poesie von Ausländern, sondern um des Politischen willen, lese ich Ihnen dies Gedicht eines andern bei uns lebenden Türken, Kemal Kurt. Es heißt GESUNDES VOLKSEMPFINDEN:

manche sind ausländer
manche ausländerer
und manche am ausländersten
die sollen nun
ihre sieben sachen einpacken
und dahin gehen
wo der kümmel wächst

Dies Gedicht ist für uns – leider – hörenswert. Besonders, wenn ich diese Zeilen von Apatride danach zitiere:

AUF DER SUCHE NACH EINEM REFUGIUM

Wieviele halboffene Türen
schlossen sich wieder leise
als ich meinen Mund öffnete:
mein Akzent war meine Negerhaut.

Ich wiederhole, was Brecht sagt: »Wer die Verfolgung überlebt hat, hat überlebt dank der Hilfe anderer«. Ich selber habe Grund zur Dankbarkeit. Ohne die Hilfe von Italienern, Engländern, Dominikanern (ich meine Bewohner der Dominikanischen Republik) wäre ich nicht hier.
Das A und O ist für mich der immer mögliche Neuanfang: die zweite Chance. Daß sie jedem Menschen gegönnt sei. Darum geht es in ABEL STEH AUF: Ein Gedicht, das mein letztes Wort ist, nicht nur heute.

Abel steh auf
es muß neu gespielt werden
täglich muß es neu gespielt werden
täglich muß die Antwort noch vor uns sein
die Antwort muß ja sein können
wenn du nicht aufstehst Abel
wie soll die Antwort
diese einzig wichtige Antwort
sich je verändern

wir können alle Kirchen schließen
und alle Gesetzbücher abschaffen
in allen Sprachen der Erde
wenn du nur aufstehst
und es rückgängig machst
die erste falsche Antwort
auf die einzige Frage
auf die es ankommt
steh auf
damit Kain sagt
damit er es sagen kann
Ich bin dein Hüter
Bruder
wie sollte ich nicht dein Hüter sein
Täglich steh auf
damit wir es vor uns haben
dies Ja ich bin hier
ich
dein Bruder

Damit die Kinder Abels
sich nicht mehr fürchten
weil Kain nicht Kain wird
Ich schreibe dies
ich ein Kind Abels
und fürchte mich täglich
vor der Antwort
die Luft in meiner Lunge wird weniger
wie ich auf die Antwort warte

Abel steh auf
damit es anders anfängt
zwischen uns allen

Die Feuer die brennen
das Feuer das brennt auf der Erde
soll das Feuer von Abel sein

Und am Schwanz der Raketen
sollen die Feuer von Abel sein

Hilde Domin im Piper Verlag

Aber die Hoffnung

Autobiographisches aus und über Deutschland.
3. Aufl., 13. Tsd. 1987. 208 Seiten. Serie Piper 703

»Dies Buch ist ein überzeugender Beitrag zum Widerstand: Gegen die Gewöhnung an Leid und Unrecht.« ORF (1982)

Von der Natur nicht vorgesehen

Autobiographisches.
4. Aufl., 21. Tsd. 1988. 157 Seiten. Serie Piper 90

»Es hat mir lange nichts so viel Lesefreude gegeben, ich bin richtig begeistert und wie ein Jüngling verliebt in die Studentin in Heidelberg. Ein schönes, ein wahres, ein besser machendes Buch.« Wolfgang Koeppen

»Ein außergewöhnliches Opus, so aufrichtig wie aufschlußreich.«
Marcel Reich-Ranicki

Das zweite Paradies

Roman in Segmenten.
Originalausgabe, 8. Tsd. 1986. 192 Seiten. Leinen

»Hilde Domins ›Das zweite Paradies‹ ist für mich eines der wenigen Bücher, in dem die Verknüpfung der Themen Liebe und Heimat überzeugend gelingt.« Uwe Prell, L'80 (1987)

Wozu Lyrik heute

Dichtung und Leser in der gesteuerten Gesellschaft.
5. Aufl., 20. Tsd. 1988. VII, 196 Seiten. Serie Piper 65

»Gewichtige Argumente, mit denen man all jenen begegnen kann, die dafür plädieren, der Kunst den Abschied zu geben.« WDR

»Seit Gottfried Benns Marburger Vortrag ›Probleme der Lyrik‹ (1951) die bedeutendste Aussage eines Lyrikers über Lyrik, weit über Benn hinaus den heutigen gesellschaftlichen Raum bedenkend.«
Paul Konrad Kurz, Süddeutsche Zeitung (1968)

Lyrik bei Piper

Anna Achmatowa
Im Spiegelland
Ausgewählte Gedichte. Herausgegeben von Efim Etkind.
217 Seiten. Serie Piper 833

Jehuda Amichai
Wie schön sind deine Zelte, Jakob
Gedichte. Aus dem Hebräischen von Alisa Stadler, ausgewählt von Simon Werle, mit einem Nachwort von Christoph Meckel. 166 Seiten. Leinen

W. H. Auden
Anrufung Ariels
Ausgewählte Gedichte. Englisch/Deutsch. Aus dem Engl. von Erich Fried, Hans Egon Holthusen, Ernst Jandl, Simon Werle. 153 Seiten. Serie Piper 842

Jossif Brodskij
Einem alten Architekten in Rom
Gedichte. Aus dem Russ. von Karl Dedecius, Rolf Fieguth und Sylvia List.
122 Seiten. Serie Piper 506

Edgar Lee Masters
Die Toten vom Spoon River
Aus dem Amerik. von Wolfgang Martin Schade.
Mit einem Nachwort von Fritz Güttinger. 258 Seiten. Serie Piper 504

Eugenio Montale
Glorie des Mittags
Ausgewählte Gedichte. Italienisch/Deutsch. Übertragen und mit einem Nachwort von Herbert Frenzel. 176 Seiten. Geb.

Eugenio Montale
Satura/Diario
Aus den späten Zyklen. Italienisch/Deutsch. Übertragen und mit einem Nachwort von Michael Marschall von Bieberstein. 190 Seiten. Geb.

Pier Paolo Pasolini
Gramsci's Asche
Gedichte. Italienisch/Deutsch. Mit einem Nachwort von Michael Marschall von Bieberstein. Aus dem Ital. von Toni Kienlechner. 192 Seiten. Serie Piper 313

Harald Hartung

Deutsche Lyrik seit 1965

Tendenzen – Beispiele – Porträts
252 Seiten. Serie Piper 447

Der in Berlin lebende Schriftsteller und Literaturwissenschaftler Harald Hartung widmet sich in diesem Buch der Entwicklung der deutschen Lyrik in den letzten 20 Jahren.
In einführenden Darstellungen, mit Gedichtbeispielen und thematisch zusammenfassenden Beiträgen zeichnet Hartung ein erstaunlich vielseitiges Panorama der Dichtung unserer Zeit.
In einzelnen Porträts stellt er die Lyriker Karl Krolow, Walter Helmut Fritz, Jürgen Becker, Oskar Pastior und Günter Grass vor.
Eine Bibliographie rundet diesen Band, der Einführungs- und Lesebuch in einem ist, ab.

Wem Zeit ist wie Ewigkeit

Dichter – Interpreten – Interpretationen
Herausgegeben von Rudolf Riedler.
132 Seiten. Serie Piper 701

Was wollte Goethe, als er sein Doppelgedicht »Meeresstille« und »Glückliche Fahrt« schrieb? Ist es die lyrische Essenz von Erlebtem, wie Herbert Rosendorfer sagt? Was hatte Brentano im Sinn mit seinen Versen »Wenn der lahme Weber träumt...«? Ist es das sanfte, ruhige, schwebende Gefühl, das Horst Bienek empfindet, diese Harmonie, Vollkommenheit, gar Utopie? Gedichte von gut zwei Dutzend Dichtern aus vier Jahrhunderten sind in diesem Band versammelt. Vierzehn Interpreten, auch sie Dichter und Schriftsteller, haben sich an ihnen im Abenteuer des Suchens nach Indizien, der Spurensicherung, des Mutmaßens und Entdeckens erprobt und sich bemüht, den Gedichten ihr Geheimnis zu entlocken.

Piper 42/21

Die Pausen zwischen den Worten

Dichter über ihre Gedichte
Herausgegeben von Rudolf Riedler.
131 Seiten. Serie Piper 638

Zwei Dutzend Dichter geben Auskunft über sich und »ihr« Gedicht – nicht im Sinne einer schulgerechten klassischen Interpretation, sondern sehr persönlich: sozusagen von Mensch zu Mensch. So bekommt auch das Gedicht, das manchem so fern ist wie ein fremder Stern, menschliche Nähe.
Was sich der Dichter gedacht hat, ist nicht mehr als ein unverbindlicher Vorschlag. Jeder darf, jeder soll sich seine eigenen Gedanken machen, besser: seinen Eindrücken, seinen Empfindungen nachgeben, sich dem Gedicht ganz unbefangen öffnen. So wird die persönliche Begegnung, der »angstfreie« Umgang mit dem Gedicht möglich: So wird ein Gedicht zu »meinem« Gedicht.
Zwei Dutzend Dichter geben Auskunft. Entstanden sind: Protokolle der Entstehungsgeschichte eines Gedichts, Zeugnisse von Arbeitsweisen, Dokumentationen, Werkstattberichte und, im günstigsten Fall, Einblicke in die Innenwelt eines Dichters. Manchmal wird auch nur eine Geschichte erzählt, die dem Gedicht einen Hintergrund, eine neue Dimension gibt.
Jeder Beitrag zeigt ein Gedicht in anderem Licht. Zusammen markieren sie die lyrische Landschaft unserer Zeit.

PIPER